Gerhard Schulz

NOVALIS

Gerhard Wehr

NOVALIS
Ein Meister christlicher Einweihung

AURUM VERLAG
FREIBURG IM BREISGAU

FERMENTA COGNITIONIS
Band 8

1980
ISBN 3 591 08135 3
© 1980 by Aurum Verlag GmbH & Co KG,
Freiburg im Breisgau.
Alle Rechte, auch die des auszugsweisen Nachdrucks,
der fotomechanischen Wiedergabe und der Überset-
zung,
vorbehalten.
Gesamtherstellung:
Landsberger Verlagsanstalt Martin Neumeyer,
Landsberg am Lech.
Printed in Germany.

UNTERWEGS NACH INNEN

»Friedrich von Hardenberg hat trotz der Kürze seines Lebens auf seine Zeitgenossen einen ungewöhnlichen Eindruck gemacht. Seine brennende Genialität, die Magie seiner Gedanken, der geheimnisvolle Name *Novalis*, dazu der mythenähnliche Gang seines Lebens, wie seine Freunde ihn vermittelten, der Tod der mädchenhaften Braut und sein eigener früher Weggang – das alles machte ihn für seine Zeit und für die Nachwelt schon bald zu einer fast legendären Gestalt, seinen Erdenweg zu einem merk-würdigen Ereignis[1].«

Wer sich dem früh abgebrochenen Lebensgang und dem Werk dieses Mysteriendichters der Romantik nähert, der kann sich selbst einen Eindruck von der Gültigkeit dieser Kurzcharakteristik verschaffen, die der als Novalis-Forscher bekannte Heinz Ritter formuliert hat. Sie schließt an das an, was schon Ludwig Tieck, der Dichter-Freund und einer der ersten seiner Biographen, niedergeschrieben hat:

»Da er seiner Zeit so vorgeeilt war, so durfte sich das Vaterland außerordentliche Dinge von ihm versprechen, wenn ihn dieser frühe Tod nicht übereilt hätte, doch haben seine unvollendeten nachgelassenen Schriften schon viel gewirkt, und viele seiner großen Gedanken werden noch in Zukunft begeistern, und edle Gemüter und tiefe Denker werden von den Funken seines Geistes erleuchtet und entzündet werden[2].«

Gerade weil diese Prophezeiung in hohem Maße in Erfüllung gegangen ist und weil Friedrich von Hardenberg nicht nur in die Literaturgeschichte eingegangen ist, sondern weil die christliche Esoterik von diesem Christuszeugen wesentliche Impulse empfangen hat, verdient Novalis immer wieder in Erinnerung gerufen zu werden. Er selbst hat im Grund nicht aufgehört, seine Stimme zu erheben und die Richtung anzugeben auf dem Weg, der von uns einzuschlagen ist. Und was sagt diese Stimme?

»Die Tiefen unseres Geistes kennen wir

nicht. Nach innen geht der geheimnisvolle Weg ..." (IV, 17).

»Die echte Wahrheit muß ihrer Natur nach wegweisend sein. Es kommt also nur darauf an, jemand auf den rechten Weg zu bringen, oder besser, ihm eine bestimmte Richtung auf die Wahrheit zu geben. Er gelangt dann von selbst, wenn er anders tätig ist, begierig, zur Wahrheit zu gelangen, an Ort und Stelle« (III, 35).

»Unsere innere Welt muß der äußeren durchaus bis in die kleinsten Teile korrespondieren« (II, 653).

Sätze wie diese werden nicht beiläufig oder zufällig niedergeschrieben, auch wenn in den Fragmentensammlungen des Dichters und Denkers vieles diesen Eindruck zu erwecken scheint. Sätze wie diese werden nicht beliebig formuliert oder konstruiert. Sie sind nicht »gemacht«. Ihnen liegt eine bestimmte geistig-seelische Erfahrung zugrunde, die bei Novalis deutliche Konturen erhält. Deshalb haben diese Sätze Signalwirkung. Er selbst, sein Leben, sein Schaffen ist Signal, Fanal, Feuerzeichen. Sein »magischer Idealismus«, der nicht im mindesten mit vordergründiger Zauberei zu verwechseln ist, orientiert sich vom Ansatz her und im Blick auf seine Zielrichtung am Christentum. Das wird dem Leser seiner Gedankenfragmente und seiner Dichtungen, im besonderen seiner geistlichen Lieder und Hymnen, auch seiner *Hymnen an die Nacht*, bald einleuchten. Und »ein-leuchten« will er, dem es darauf ankommt, daß Menschen, junge Menschen zumal, eine »bestimmte Richtung« für ihr Leben bekommen.

Es ist allerdings die Frage, ob es ihm auch gelingt, das im pietistisch-romantischen Gefühlston Vorgetragene seiner spirituellen Essenz und Wirkkraft nach wahrzunehmen. Mit Recht hat daher Friedrich Hiebel in der Vorrede zu seiner gehaltvollen Novalis-Monographie mit einer Reihe von Fragen auf das Grundproblem der Novalis-Forschung hingewiesen, wenn er dort sagt:

»Gibt es eine übersinnliche Welt, mit der die Seele in eine bewußt sich schulende Verbindung tritt? Führt der magische Idealismus zu Erfahrungen einer objektiven Geistwelt? Bricht sich durch Novalis eine Revolutionierung des Kulturbewußtseins mit dem

Ziel einer enzyklopädischen Synthese von Wissenschaft und Religion Bahn, oder bleibt sein ›poetisches Christentum‹ unverbindlicher Dichtertraum³?« Diese ernsten und zugleich dringlichen Fragen sind aus einer gewissen Verantwortung aber auch aus einem Wissen heraus gestellt, daß sie in einer gegenwartsgemäßen Weise beantwortet werden können. Hiebel ist Anthroposoph und Schüler Rudolf Steiners. Aber ganz unabhängig davon bezeichnet er die Aufgabe, vor die uns der Dichter der »Blauen Blume« heute stellt: Es gilt, diejenige Dimension der Wirklichkeit aufzusuchen und zu erschließen, die – mit Rilke zu sprechen – den »Weltinnenraum« ausmacht. Es ist jene Einstellung des Bewußtseins anzustreben, die es gestattet, den »geheimnisvollen Weg nach innen« anzutreten, jedoch ohne darüber die äußere Weltwirklichkeit mit ihren materiellen, gesellschaftlichen, kulturellen Verpflichtungen zu vernachlässigen. Die Vokabel »geheimnisvoll« ist sorgsam gegenüber »geheimnistuerisch« abzugrenzen. Was den zu betretenden Weg anlangt, so reichen philologische, ästhetische oder schulmäßig-theologische Kategorien ebensowenig aus, um Fortschritte auf diesem Weg zu machen, wie die von den jeweiligen Disziplinen angebotenen Methoden. Daß diese im Rahmen ihrer Zuständigkeit einen Eigenwert besitzen, steht jedoch außer Frage

Jemanden »auf den rechten Weg zu bringen«, das vermag freilich nur einer, der selbst, dank einer besonderen Schicksalsführung, durch ein entsprechendes Erleben oder durch ein diszipliniertes Üben dazu legitimiert ist, anderen Führung angedeihen zu lassen. Die Geschichte des esoterischen, aus den Tiefen religiöser Erfahrung schöpfenden Christentums ist gerade dadurch gekennzeichnet, daß ihre Repräsentanten – im Gegensatz zu den mehr nach außen tätigen Führergestalten, Predigern und theologischen Lehrern –, die auf intensive Seelsorge und Menschenführung, auf eine geistig-geistliche Einweihung hinarbeitenden Menschen, in umfassender Weise wirksam werden. Dadurch werden Impulse freigesetzt, die sich – zumindest im Keimzustand – einer beliebigen Steuerung oder Erfassung entziehen[4].

Während die Spiritualität des Ostens mit großer Selbstverständlichkeit vom Guru oder vom (Zen-)Meister, der Chassidismus vom geistesmächtigen, wundertätigen Zaddik[5] spricht, ist die Bedeutung des spirituellen Meisters oder Geisteslehrers in der heutigen Christenheit viel weniger bekannt. Und nicht nur dies; seit langem wird der Mangel an derlei Persönlichkeiten schmerzlich empfunden, sofern man sich dieses Mangels schon deutlich genug bewußt ist. Das Bewußtsein davon nimmt erfreulicherweise zu[6].

Doch der Mangel an Meister-Persönlichkeiten und an spirituellen Führern bestand nicht immer. Der Unkenntnis um die Möglichkeit einer christlich ausgerichteten Initiation, die der *heutigen* Bewußtseinslage des westlichen Menschen angemessen ist, steht ein reales Bedürfnis nach einer solchen, die Tiefen der Persönlichkeit ergreifenden Wandlungsmacht gegenüber. Darin mag einer der Gründe für die ungemein starke Faszinationskraft liegen, die das asiatische Initiationswesen heute vor allem auf die jüngere Generation auszuüben vermag.

Irgendwie sollen das geistig-seelische Vakuum, die im Laufe der Zeit entstandenen Leerräume ausgefüllt werden. Oft hat es den Anschein, als wüßten die Vertreter von Theologie und Kirche nicht mehr – oder noch nicht –, aus welchen Grundkräften heraus christliches Leben heute in einer ganz neuen Weise möglich ist.

Novalis, der Dichter, der spirituelle Denker, der christliche Seher, der nach einem Christentum der Gegenwart und der Zukunft Ausschau hält, ist im Grunde selbst ein Meister der christlichen Einweihung. Als Frühvollendeter könnte diese Jünglingsgestalt aus dem Kreis der spirituell Wirkenden insbesondere Gleichaltrige, also etwa Zwanzig- oder Dreißigjährige ansprechen, und zwar nicht durch Appelle von außen, sondern von der Erlebnisseite her, kraft der Imaginationen und Inspirationen, für die der junge Mensch in einer anderen Weise offen sein kann als der Erwachsene. Novalis selbst ist ein Empfänger solcher »Eingebungen« von innen und von oben geworden. Wenn sich da und dort eine Jugendgruppe, eine Bühne, eine Künstlervereinigung, selbst Pop-Musiker den Novalis-Namen beilegen, dann spricht sich darin zumindest das Verlangen aus, sich an den Leitmotiven zu orientieren, die im Werk des Novalis liegen. Freilich, rezeptartig läßt sich auch er nicht handhaben. Es bedarf jeweils einer Umwandlung und der individuellen Aneignung.

Dabei ist der seines Selbst Bewußte, der an der Ich-Philosophie Fichtes Geschulte, weit davon entfernt, seine Schüler an seine eigene Person zu binden. Seine Sendung erblickt Novalis – auch gemäß der einleitend angeführten Sätze – vielmehr darin, »reichlich Samen auszustreuen«, befruchtenden »Blütenstaub« bereitzustellen, damit das Werdegeheimnis je und je Gestalt gewinnen kann. Was den Weg betrifft, von dem die Rede ist, so kann und darf er niemandem das eigene Gehen abnehmen. Es genügt ihm daher, dem Wahrheitssucher »eine bestimmte Richtung auf die Wahrheit zu geben«.

Betrachten wir unter diesem Aspekt, unter dem Gesichtspunkt eines zu durchlaufenden Initiationsprozesses Friedrich von Hardenbergs philosophisches und dichterisches Werk, dann begegnen wir diesem wesenhaft esoterischen Prinzip in vielen Abwandlungen auf Schritt und Tritt.

In der unvollendeten Prosadichtung *Die Lehrlinge zu Sais*, in die das Märchen von Hyazinth und Rosenblüt eingebettet ist, tritt der Mysteriencharakter ebenso deutlich zu Tage wie in dem großen Romanfragment *Heinrich von Ofterdingen*. In ihm finden sich die leitmotivartige Frage und Antwort, und zwar auf eine knappe Formel gebracht:

»Wo gehen wir denn hin? – Immer nach Hause.«

Novalis, dessen Lebensgang ein Gang »nach Hause« werden sollte, hat nicht nur ein individuelles Streben im Sinn. Sein Blick und seine Sehnsucht reichen viel weiter. Für ihn gibt es einen »Messias im Pluralis«, Ausdruck eines die Konfessionen transzendierenden größeren Christus, wie er freilich seit den Grundschriften der Christenheit, seit dem Neuen Testament längst bekannt, aber immer wieder vergessen worden ist. So denkt und schaut Novalis in umfassenderen, größeren Dimensionen, wenn er sich auf den »Weg nach innen« macht. Daher denkt er nicht allein an individuelle Erkenntnisfortschritte und Stufen der Reifung. In seiner Schrift *Die Christenheit oder Europa* werden Stadien auf dem Wege zu einer »neuen, dauerhaften Kirche«, Stadien auf dem Wege zu »echter Freiheit« des geistig-religiösen Lebens der ganzen Menschheit sichtbar.

So darf der Innenweg des Novalis nicht einfach mit einer subjektiv verhafteten Innerlichkeit gleichgesetzt werden. Seine Introspektion, sein Blick nach innen, ist niemals selbstverschlossen oder isoliert. Er muß sich stets öffnen, damit sich die Fülle des Lebendigen bis in die sinnliche Wahrnehmbarkeit dem Menschen offenbart. Denn, so heißt es in einem seiner *Geistlichen Lieder* – übrigens in echt-Böhmescher Geisteshaltung und Inspiration – von Christus:

»Er ist der Stern, er ist die Sonn,
Er ist des ew'gen Lebens Bronn,
Aus Kraut und Stein und Meer und Licht
Schimmert sein kindlich Angesicht.«

Sinnliches und Übersinnliches sind nicht länger voneinander getrennt. Sie sind aufeinander bezogen, zur erfahrbaren Einheit verschmolzen, ein Vorgang und Ereignis, das sich dem anschauenden Denker – er heiße Paracelsus, Böhme, Oetinger, Goethe, Novalis –, auf immer neue Weise darstellt. Es ist ein »heilig-öffentlich Geheimnis«, sagt Goethe. – Davon ist noch zu sprechen; doch zuvor ein Blick auf den Lebenslauf Friedrich von Hardenbergs.

BIOGRAPHISCHE ORIENTIERUNG

Novalis, mit vollem bürgerlichen Namen: Friedrich Freiherr von Hardenberg – nach Georg Lukács »der einzige wahrhafte Dichter der romantischen Schule« –, wurde am 2. Mai 1772 auf Schloß Oberwiederstedt in der ehemaligen Grafschaft Mansfeld geboren. Seine Eltern, der Freiherr Heinrich Ulrich Erasmus von Hardenberg und seine zweite Frau Auguste Bernhardine, geborene von Bölzig, entstammten einem alten niedersächsischen Adelsgeschlecht, in dem der Beiname »de novali« vorkommt.

Die Mutter hatte Anlaß, sich um das von Geburt an schwächliche Kind besonders zu sorgen. Es kränkelte, auch blieb es im Laufe der ersten Kindheitsjahre auffallenderweise hinter seinen Altersgenossen zurück. »Kränklich am Körper, schlummerte auch sein Geist«, heißt es in den biographischen Aufzeichnungen des befreundeten Kreisamtmanns Just, dem wir eine der ersten biographischen Mitteilungen über Friedrich von Hardenberg verdanken. Ludwig Tieck ergänzt (1815): »Er war träumerisch still und verriet nur wenig Geist; er entfernte sich von anderen Knaben, und nur die außerordentliche Liebe, mit welcher er sich ganz seiner Mutter hingab, zeichnete ihn von seinen anderen Geschwistern aus.«

Mit einem Male änderte sich jedoch dieser Zustand der Zurückgebliebenheit und Verträumtheit, als der Neunjährige an der Ruhr erkrankte. Die wie in einem Keimzustand zurückgehaltenen Lebens- und Geisteskräfte konnten sich nun in einer für alle überraschenden Weise entfalten. Der jüngere Bruder, Karl von Hardenberg, notiert in der ersten uns erhaltenen biographischen Skizze von 1802: »Jetzt schien sein Geist auf einmal zu erwachen.«

Der Aufwachprozeß sollte anhalten. Diese Thematik steht wie ein Signum besonderer Art über dem Leben des Dichters und Sehers. Mit Fleiß und in strenger Selbstzucht, die durch die pietistische Frömmigkeit Herrnhuter Prägung (Zinzendorf) im Elternhaus eher noch unterstützt wurde, erreichte und übertraf der Heranwachsende rasch den Bildungs- und Entwicklungsstand seiner Kameraden. 1790 konnte er am Gymnasium in der Lutherstadt Eisleben seine Schulbildung abschließen. Die Familie war 1785 nach Weißenfels übersiedelt, von wo aus der Vater als Direktor kursächsischer Salinen fungierte.

Aus dieser Zeit liegen zahlreiche dichterische Versuche vor. Der werdende Novalis – er benützte diese Selbstbezeichnung erst vom Jahre 1798 an – bemühte sich schon um den eigenen Ton, wenngleich er sich zunächst an den Vorbildern seiner Zeit, namentlich an Gottfried August Bürger und an Friedrich Schiller, übte.

Als Student der Rechtswissenschaft bezog Friedrich von Hardenberg im Herbst 1790 die Universität Jena, wo er auch die Vorlesungen des Historikers Schiller hörte, dem er als Poet nacheiferte. Die erste Veröffentlichung des Neunzehnjährigen, im April 1791 im *Neuen Teutschen Merkur* erschienen, von Wieland gelobt, dokumentierte Schillers Einfluß auf den werdenden Dichter. Prägende Wirkung übte die Philosophie Johann

Gottlieb Fichtes auf den Studenten aus. Umfangreiche Exzerpte aus den Schriften des Ich-Philosophen und zahlreiche daran anknüpfende sowie gedanklich weiterführende Aufzeichnungen belegen dies.

Wer sich eine Vorstellung von der Erscheinung des jungen Mannes machen will, dem steht das Gemälde eines Unbekannten, das sich im Museum von Weißenfels findet, vor Augen. Ludwig Tieck hat seinerseits den Freund in folgender Weise porträtiert:

»Novalis war groß, schlank und von edlen Verhältnissen. Er trug sein lichtbraunes Haar in herabfallenden Locken, welches damals weniger auffiel, als es jetzt geschehen würde; sein braunes Auge war hell und glänzend, und die Farbe seines Gesichtes, besonders der geistreichen Stirn, fast durchsichtig. Hand und Fuß war etwas zu groß und ohne feinen Ausdruck. Seine Miene war stets heiter und wohlwollend. Für denjenigen, der nur die Menschen nach dem Maße unterscheidet, in welchem sie sich vordrängen, oder durch gesuchten Anstand, durch das, was die Mode verlangt, zu imponieren oder aufzufallen suchen, verlor sich Novalis in der Menge; dem geübteren Auge aber bot er die Erscheinung der Schönheit dar. Der Umriß und der Ausdruck seines Gesichtes kam sehr dem Evangelisten Johannes nahe, wie wir ihn auf der herrlichen großen Tafel von A. Dürer sehen, die Nürnberg und München aufbewahrt... Ohne Eitelkeit, gelehrten Hochmut, entfremdet jeder Affektation und Heuchelei, war er ein echter, wahrer Mensch, die reinste und lieblichste Verkörperung eines hohen unsterblichen Geistes[7].«

Eine enge Freundschaft verband Novalis seit Anfang 1792 mit Friedrich Schlegel, den er während seiner Leipziger Studienzeit kennengelernt hatte. Der Briefwechsel zwischen beiden enthüllt eine erstaunliche Kongenialität im Denken, vor allem im gemeinsamen religionsphilosophischen Spekulieren. Während Friedrich Schlegel geradezu religiöse Metaphern gebrauchte, um die Wesensart Hardenbergs näher zu bestimmen (»Der Geist des Herrn ist auf dir... Du bist ein Prophet...«) gesteht Novalis dem Freund: »Für mich bist Du der Oberpriester von Eleusis gewesen. Ich habe durch Dich Himmel und Hölle kennengelernt – durch Dich habe ich von dem Baum des Erkenntnisses gekostet.« – In anderem Zusammenhang findet sich das bemerkenswerte Geständnis:

»Ich weiß, daß wir in vielem eins sind, und glaube, daß wir es durchaus sind, weil *eine* Hoffnung, *eine* Sehnsucht unser Leben und unser Tod ist«.

In Wittenberg konnte Novalis am 14. Juni 1794 sein juristisches Staatsexamen ablegen. Mit dem Willen, die schon seit Jahren ernsthaft betriebene Selbsterziehung konsequent fortzusetzen, »Brautnacht, Ehe und Nachkommenschaft« anzustreben, tritt Novalis im November 1794, also zweiundzwanzigjährig, seinen ersten Dienst als Aktuarius beim Kreisamt Tennstedt an. Sein Vorgesetzter, Amtmann Coelestin August Just, der sein erster Biograph werden sollte, hat uns eine aufschlußreiche Charakterzeichnung überliefert. Sie zeigt, wie der altersmäßig Jüngere sich als der innerlich Reifere, Tiefere auszeichnet, von dem der berufliche Lehrmeister und Vorgesetzte noch Wesentliches zu lernen habe.

Am 17. November des gleichen Jahres kommt es zur entscheidenden Lebensbegegnung: In Grüningen bei Tennstedt begegnet Novalis der gerade erst zwölfeinhalb Jahre alten Sophie von Kühn. »Innerhalb einer Viertelstunde«, so bekennt er seinem Bruder Erasmus, habe er die Wesensart dieses noch ganz kindlichen Mädchens liebend durchschaut. An eine befreundete Dame schreibt er über diese Begegnung:

»Ein seltener, schöner Zufall hat mich in den Kreis einer Familie geführt, wo ich gefunden habe, was ich suche, wo ich finden werde, was ich zu hoffen wagte. Was die Geburt mir versagte, hat das Glück mir gegeben. Ich vermisse in meinem Geburtskreise, was ich in einer fremden Mitte beisammen sehe. Ich fühle, daß es nähere Verwandtschaften gibt, als die das Blut knüpft...«

Fortan gilt für ihn, was er dem Freunde Friedrich Schlegel nach Dresden schreibt:

»Mein Lieblingsstudium heißt im Grunde wie meine Braut. Sophie heißt sie – Philosophie ist die Seele meines Lebens und der Schlüssel zu meinem eigensten Selbst. Seit jener Freundschaft bin ich auch mit diesem Studio ganz amalgamiert.«

Diese aus spontaner Intuition heraus getroffene Feststellung überschreitet in einer für Novalis charakteristischen Weise die persönliche Sphäre dieser beiden jungen Menschen und nimmt transpersonale, bald sogar ausgesprochen religiöse Züge an, nämlich in der mantramartigen Formel: »Christus und Sophie.«

Bereits am 15. März 1795 kommt es mit dem Einverständnis beider Elternpaare zum (inoffiziellen) Verlöbnis. Das ungetrübte Glück der Liebenden ist jedoch nur von kurzer Dauer, denn im November erkrankt Sophie von Kühn schwer. Novalis hat Anlaß zur Sorge: »Untröstlich wär' ich über (ihren) Verlust, und käm ich um Söphchen, so weiß Gott, was aus mir würde . . « — Eine Leberoperation und die zeitbedingte, wohl unzureichende ärztliche Behandlung und Pflege vermögen das Leben des jungen Mädchens nicht zu retten. Am 19. März 1796 stirbt die gerade Fünfzehnjährige in Abwesenheit ihres Verlobten.

Briefe und Tagebuchaufzeichnungen aus jener Zeit bilden eindrückliche Zeugnisse des Schmerzes und der tiefen Erschütterung, die Novalis ergriffen hat. Knapp vier Wochen später stirbt auch der eigene Bruder Erasmus. Als ein Gewandelter und als ein innerlich Gefestigter geht Novalis aus diesem schmerzvollen Erleben hervor. Da heißt es zwar zunächst im Brief an die Frau des Vorgesetzten Amtmann Just: »Ihre (Sophiens) Leiden werde ich ewig nicht verwinden. Die Martern dieser himmlischen Seele bleiben der Dornenkranz meiner übrigen Tage. Wollte Gott, den ich flehentlich darum gebeten habe, daß sie kurz wären.«

Tatsächlich ringt Novalis eine Zeitlang mit dem »Entschluß«, wie es in den Tagebucheintragungen heißt, seiner Braut nachzusterben und auf diese Weise den Weg nach innen anzutreten. Er will jedoch nicht Hand an sich legen, sondern rein aus dem Geiste im Tode die Vereinigung mit der Geliebten anstreben.

Bald keimt jedoch in dem Trauernden eine Gewißheit auf, die einer das Menschenmaß überhöhenden Steigerung fähig sein sollte. Die Trauer um den Verlust transformiert sich in das Bewußtsein, Einzigartiges gewonnen zu haben; denn Novalis schreibt:

»Eins hab' ich gewonnen – die feste Hoffnung, sie (Sophie) nicht verloren zu haben –, auch würde mich diese Hoffnung noch mehr stärken, wenn Sophie mir erscheinen könnte und dürfte.«

Als man ihn zu trösten versucht, Trost könne nur die Zukunft geben, in der jenseitig-nachtodlichen Welt, da antwortet der nun keines menschlichen Trostes mehr Bedürftige: »Ja, die wahre Zukunft!« – Es ist, als erschlösse sich dem Dichter jener innere Sinn, der ihn zum Seher macht. Die Aufzeichnungen, die biographischen und die dichterisch-philosophischen, rechtfertigen diese Annahme weitgehend. Aber wie läßt sie sich erhärten?

Fragt man nach einem Prüfstein für den Echtheitsgehalt der inneren Erlebnisse, dann ist auch an die Tatsache zu erinnern, daß Novalis durch den Tod der Braut nicht etwa in ein Traumreich entrückt wird. Eher das Gegenteil ist der Fall. Er wird lebenstüchtiger. Sein Schaffen, überhaupt sein äußeres Leben tritt in eine neue Phase ein. Er vermag auch seine berufliche Basis weiter auszubauen. Er beginnt mit einem zusätzlichen Studium an der Bergakademie in Freiberg, als gälte es, sich noch mehr mit dem Element des Erdhaft-Elementaren zu verbinden, um der Gefahr einer weltflüchtigen Tendenz zu entgehen. Wer sich anschickt, tiefer in die geistigen Bezirke der Wirklichkeit einzudringen, der bedarf einer solchen »Erdung« seines ganzen Lebens, um das notwendige Gleichgewicht zu bewahren!

In Freiberg, wo er mit dem Geologen Abraham Gottlieb Werner in Beziehung tritt, findet er neben dem Studium noch genügend Zeit für die Arbeit an seinen Aphorismen, die unter der Bezeichnung *Blütenstaub* im ersten Heft der Romantiker-Zeitschrift *Athenäum* erscheinen. Die Niederschrift der Prosadichtung *Lehrlinge zu Sais* – er selbst ist ja ein solcher Lehrling! – wird begonnen. Dichterisches und Naturphilosophisches fließen in eins. Ohne Sophie und das Sophienerlebnis aus dem Blick zu verlieren, tritt Novalis in eine neue Liebesbeziehung ein. Es ist Julie von Charpentier, mit der er sich verlobt. Er hatte sie ebenfalls in Freiberg kennengelernt. Es ist nicht zu leugnen, daß sie auf das dichterische Werk seiner letzten Jahre einen nachhaltigen Einfluß ausgeübt hat. Das muß man festhalten, auch wenn das Ersterlebnis im Zeichen von Sophie und der göttlichen Sophia gestanden hat.

Nur noch wenige äußere Daten sind zu nennen. Ende 1799 wird Friedrich von Hardenberg Salinen-Assessor. Sein schriftstellerisches Schaffen ist in diesem Jahr durch die Entstehung seiner ersten *Geistlichen Lieder* sowie durch den Aufsatz *Die Christenheit oder Europa* ausgewiesen. Dabei handelt es sich um einen geschichtstheologischen Essay, der vor allem durch Schleiermachers vieldiskutierte Reden *Über die Religion* angeregt worden ist. Der Berliner Theologe und gefeierte Prediger, der Platon-Übersetzer, ist selbst eine wichtige Gestalt in den Kreisen der deutschen Romantiker um 1800. Friedrich Schlegel sprach auf Grund seiner eigenen Beobachtungen, welche »ungeheure Wirkung« die Schleiermacherschen »Reden« auf Novalis ausgeübt hätten.

Ein Jahr dichterisch-schriftstellerischer Fruchtbarkeit neben dem Beruf ist angebrochen. Auch die Arbeit an dem Roman *Heinrich von Ofterdingen* kann beginnen. Nun wird nach und nach das auf dem Innenweg Erlebte gestaltbar. Anfang 1800 kommt es zur Niederschrift der berühmten *Hymnen an die Nacht*. Sie lassen etwas ahnen von den Tiefendimensionen des Sophien-Erlebnisses und der Begegnung mit dem Tod, in dessen Dunkel das verwandelnde, erweckende Licht der Auferstehung Christi hineinleuchtet. Der Christus, den Novalis in diesen Dichtungen schaut, weist eigentlich schon über das konfessionelle Christentum hinaus, wenngleich er seine herrnhutisch-zinzendorfsche Herkunft nicht leugnen will und kann.

Die deutsche Romantik wäre nicht, was sie ist, ohne die zahlreichen freundschaftlichen Verbindungen und Berührungen. Zu diesen Freundschaften gehört auch die Begegnung Hardenbergs mit dem Dichter Ludwig Tieck. Er regt Novalis zu einem intensiven Studium der Werke Jakob Böhmes an, was sich in dem entstehenden Roman *Heinrich von Ofterdingen*, aber auch in anderen Dichtungen niederzuschlagen beginnt. Unverblümt ausgesprochen, findet sich die Hochschätzung Jakob Böhmes in dem Gedicht *An Tieck*. Diese Verse sind Ausdruck des Dankes für das große Geschenk, mit Böhmes Erstling *Aurora oder Morgenröte im Aufgang* aber auch mit anderen Böhme-Schriften bekannt geworden zu sein.

Novalis wird durch Jakob Böhme mit seinen innersten Erfahrungen in seinem Sophien-Erlebnis ebenso wie in seiner Anschauung der geistdurchwirkten Natur nachhaltig bestärkt. Schließlich ist es das Geheimnis der göttlichen Sophia, der heiligen Weisheit, der Braut des Geistesschülers, der Böhme an vielen Stellen seiner Bücher huldigt. Novalis ist begeistert. Doch es verbleiben ihm nur noch wenige Monate eines konzentrierten Schaffens. Schon sind seine Tage gezählt. Anzeichen der tödlichen Lungenkrankheit werden von Freunden wahrgenommen. Novalis selbst mißt aber der Verschlechterung seines Gesundheitszustandes keine besondere Bedeutung bei, wiewohl er seit langem mit der drohenden Möglichkeit rechnet, ernsthaft krank zu werden. Lebenswille und Schaffenskraft scheinen eine Todesahnung noch nicht aufkommen lassen zu wollen.

Ende Dezember 1800 hat ein Bewerbungsschreiben Erfolg. Friedrich von Hardenberg wird zum »Supernumerar-Amtshauptmann« in Thüringen ernannt. Dies entspräche einem beruflichen Fortschritt, wäre er in der Lage, die ihm zugedachte Stelle auch tatsächlich auszufüllen. Doch seine Krankheit, die Lungenschwindsucht, ist zu diesem Zeitpunkt bereits in ihr Endstadium eingetreten. Nach der Tagebucheintragung des Bruders Karl ist Novalis am 25. März 1801 »um einhalb ein Uhr sanft und ohne alle Bewegung« im Haus des Salinendirektors von Hardenberg in Weißenfels gestorben. Das Kirchenbuch der evangelischen Pfarrkirche von Weißenfels vermerkt, daß Friedrich von Hardenberg, Assessor bei der Lokal-Salinen-Direktion, am 28. März »auf hiesigem Gottesacker« begraben worden sei.

Groß ist die Trauer der zahlreichen Freunde, die große Hoffnungen auf Novalis gesetzt hatten. Friedrich Schlegel notiert am 25. März: »Gestern kam ich von Weißenfels zurück, wo ich vorgestern Mittag, den 25sten, Hardenberg sterben sah ... Es ist gewiß, daß er keine Ahnung von seinem Tod hatte, und überhaupt sollte man es kaum möglich glauben, so sanft und schön zu sterben. Er war, so lange ich ihn sah, von einer unbeschreiblichen Heiterkeit, und obgleich die große Kraftlosigkeit ihn in den letzten Tagen sehr hinderte, selbst zu sprechen, so nahm er doch an allem den liebenswürdigsten Anteil, und es ist mir über alles teuer, ihn noch gesehn zu haben.«

Worte wie diese über den Tod überraschen nicht, wenn man sich vergegenwärtigt, daß die beiden Freunde Leben und Tod immer in einem größeren Zusammenhang gesehen haben, nämlich im Zusammenhang einer Neueinschätzung, ja einer Neubegründung des Christentums, als einer »Religion der Zukunft«. So schreibt Schlegel an der Wende der Jahre 1798/99 an Hardenberg: »Vielleicht bist Du der erste Mensch in unserm Zeitalter, der Kunstsinn für den Tod hat. — Ich glaube, daß das Christentum sich eben deswegen, und weil Tod und Leben eins sind, mit dem äußersten Realismus behandeln ließe.«

Novalis widmet seinerseits wenig später Friedrich Schlegel die folgenden Zeilen:

»Wenn irgend jemand zum Apostel in unserer Zeit sich schickt und geboren ist, so bist Du es. Du wirst der Paulus der neuen Religion sein, die überall anbricht – einer der Erstlinge des neuen Zeitalters – des Religiösen. Mit dieser Religion fängt sich eine neue Weltgeschichte an. Du verstehst die Geheimnisse der Zeit. – Auf Dich hat die Revolution gewirkt, was sie wirken sollte, oder Du bist vielmehr ein unsichtbares Glied der heiligen Revolution, die, ein Messias im Pluralismus, auf Erden erschienen ist. Ein herrliches Gefühl belebt mich in dem Gedanken, daß Du mein Freund bist und an mich diese innersten Worte gerichtet hast. Ich weiß, daß wir in vielem Eins sind und glaube, daß wir es durchaus sind, weil Eine Hoffnung, Eine Sehnsucht unser Leben und unser Tod ist.«

Hermann Hesse war es, der die Vermutung aussprach, daß es »eine schöpferische Frömmigkeit« gewesen sei, die Novalis erlaubt habe, den Tod gering zu achten. – Aber, so möchte man erwidern, ist es denn eine Geringschätzung des Todes? Liegt nicht auch hier eine Neubewertung vor, der nur derjenige fähig ist, der an das zentrale christliche

Mysterium des Sterbens und Erwecktwerdens herangeführt worden ist? – Durch den Geist werden wir wiedergeboren!

DER DOPPELASPEKT DES ESOTERISCHEN

Wenden wir uns nun einigen Motiven im Schaffen dessen zu, der den Weg nach innen angetreten hat, dann kann man sagen: Dichten und Denken, Poesie und philosophische Spekulation sind für Novalis zu einer Einheit geworden. Dabei leitet ihn *ein* Ziel. Er nennt es »die Erhebung des Menschen über sich selbst«.

Dies entspricht einem Reifungsvorgang und einem Erkenntnisfortschritt, der vom einzelnen vollzogen und individuell verantwortet werden muß. Der jugendliche Dichter und Philosoph – wörtlich: der Liebhaber der Weisheit – führt seine Leser nach Sais, in die ägyptische Tempelstadt. Diese Metropole der Isis-Verehrung wird auf diese Weise zum Symbolort der zu erringenden Ich-Erfahrung, mit der eine vertiefte Welt bzw. Naturerkenntnis aufs engste zusammenhängt, denn:

»Einem gelang es – er hob den Schleier der Göttin zu Sais. – Aber, was sah er? Er sah – Wunder des Wunders – sich selbst.«

Was, aber, wenn es unmöglich sein sollte, die Inschrift des Gottes oder der Göttin zu entziffern, das heißt der spirituellen Bedeutsamkeit des Überlieferten innezuwerden? – Novalis antwortet darauf kategorisch und schließt das Lehrlingskapitel seiner Prosadichtung *Lehrlinge zu Sais* mit den Worten:
»Und wenn kein Sterblicher, nach jener Inschrift dort, den Schleier hebt, so müssen wir Unsterbliche zu werden suchen; wer ihn nicht heben will, ist kein echter Lehrling zu Sais.«

Was den in der Prosadichtung *Lehrlinge zu Sais* auftretenden »Lehrer« anlangt, so ist dieser darauf bedacht, »daß wir den eigenen Weg verfolgen . . .« Im Märchen des Novalis ist das Ziel dieses Innenwegs im Bild der Vereinigung von Hyacinth und Rosenblüt ausgedrückt, eine Imagination der mystischen Hochzeit, die im Seeleninnersten zu geschehen hat. Im Grunde haben die zahlreichen erotischen Motive bei Novalis diese spirituelle Dimension. Nur indem man diese mitbetrachtet, wird man den Intentionen des Dichters gerecht. Deutlich wird das nicht zuletzt durch die Tatsache, daß der Vereinigung – »coniunctio« nannten sie die mittelalterlichen Naturphilosophen und Alchimisten – eine Reinigung (via purgativa; Katharsis) und eine tiefgreifende Wandlung vorausgehen muß. Dies ist das eine, das individuelle Moment des Erkenntniswegs, den Novalis zeigen möchte.

Es entspräche der Sichtweise und dem Streben des nach innen blickenden Mystikers. Ein solcher Mystiker ist Novalis zwar *auch,* aber nicht nur. Darüber hinaus ist der »die Erhebung des Menschen« Anstrebende auch einer, der die irdisch-kosmische Realität in sein Denken, Schauen und Tun einbezieht. Gerade in dieser Hinsicht ist er für uns heute interessant und aktuell. Dabei dürfte er wesentliche Anregungen während seiner Freiberger Studienzeit in der Bergakademie empfangen haben; wir hören von der Lektüre alchimistischer Texte, später von intensiven Böhme-Studien.

Daneben will und kann der Dichter nicht

verleugnen, daß er mit großer Sorgfalt seinem Broterwerb nachzugehen hat, der ihn in Salinen und Bergwerken mit den Geheimnissen der stofflichen Welt konfrontiert. Seinem *Ofterdingen*-Roman fügt er die Strophen ein:

> Der ist der Herr der Erde,
> Wer ihre Tiefen mißt,
> Und jeglicher Beschwerde
> In ihrem Schoß vergißt.
>
> Wer ihrer Felsenglieder
> Geheimen Bau versteht,
> Und unverdrossen nieder
> Zu ihrer Werkstatt geht.
>
> Er ist mit ihr verbündet
> Und inniglich vertraut
> Und wird von ihr entzündet,
> Als wär' sie seine Braut.
> . . .
> . . .

Solche Worte und Vergleiche kommen nicht von ungefähr. Das Ziel einer spirituellen *Welt*erkenntnis suchten daher die Alchimisten und Rosenkreuzer auf dem Wege einer »*chymischen* Hochzeit« zu erlangen. Christliche Esoterik ist demzufolge nicht allein auf dem Pfad der mystischen Innerlichkeit zu verwirklichen. Seit den Tagen des Urchristentums wurde in ihren Zusammenhängen das Wissen um die Wandlung des Leibhaften gepflegt, sei es in sakramentaler Form, sei es im Zeichen des Heiligen Grals, sei es in alchimistischer oder rosenkreuzerischer Gesinnung. Paracelsus, Jakob Böhme, Friedrich Christoph Oetinger sind wichtige Leitfiguren, an denen sich die Sucher jahrhundertelang orientiert haben.

So gibt es einen Doppelaspekt des Esoterischen. Friedrich von Hardenberg kennt ihn nicht nur aufgrund literarischer Studien. Schon durch die Art seiner Mitteilungen weist sich Novalis als einer aus, der aus eigener Erfahrung zu schöpfen vermag. Heute wissen wir, daß eine nur quantitative Naturbetrachtung zu jener tödlichen Bedrohung von Welt und Mensch führen mußte, von der Novalis noch nicht die geringste Ahnung gehabt haben wird. Wir lesen jedenfalls mit ganz anderen Augen, was in dem mit »Natur« überschriebenen Kapitel über die qualitative Seite der Natur gesagt wird:

»Wie seltsam, daß gerade die heiligsten und reizendsten Erscheinungen der Natur in den Händen so toter Menschen sind, als die Scheidekünstler zu sein pflegen! Sie, die den schöpferischen Sinn der Natur mit Macht erwecken, nur ein Geheimnis der Liebenden, Mysterien der höheren Menschheit sein sollten, werden mit Schamlosigkeit und sinnlos von rohen Geistern hervorgerufen, die nie wissen werden, welche Wunder ihre Gläser umschließen. Nur Dichter sollten mit dem Flüssigen umgehen und von ihm der glühenden Jugend erzählen dürfen; die Werkstätten wären Tempel, und mit neuer Liebe würden die Menschen ihre Flamme und ihre Flüsse verehren und sich ihrer rühmen . . .«

Diese Dichtung, in der poetische Bilder von naturphilosophischen Denkanstößen durchsetzt sind, mag auf den ersten Blick zwar als Ausdruck einer innigen Naturfrömmigkeit anerkannt werden. Wo bleibt indessen aber das spezifisch Christliche? Berücksichtigt man den Kontext im Rahmen des

Hardenbergschen Gesamtwerks und zieht man schließlich noch die zu den *Lehrlingen von Sais* erhaltenen Materialien zu Rate, dann steht die *christlich*-esoterische Aussage außer Zweifel. Es handelt sich bei den erhaltenen Materialien zwar nur um sehr wenige knappe, formelhafte Andeutungen. Aber sie geben doch klar die Richtung an:

»Der Messias der Natur«, so heißt es da, und: »Neues Testament — und neue Natur — als neues Jerusalem ...«

Oder wenn wir in den Fragmenten auf die Sätze stoßen:

»Die Bibel fängt herrlich mit dem Paradiese, dem Symbol der Jugend an, und schließt mit dem ewigen Reiche, mit der heiligen Stadt. Auch diese zwei Hauptbestandteile sind echt großhistorisch ...«

Wenn in der Schlußstrophe des ersten der *Geistlichen Lieder* der mit Christus verbundene Mensch im Bild einer »Frucht des Paradieses« gesehen wird, dann hat hier der Dichter selbst den Schleier gelüftet. Es ist der Schleier — nicht allein der des Tempels zu Sais —, der das Mysterium vom kosmischen Christus bedeckt. Christus ist zum

»Geist der Erde« geworden, wie es Rudolf Steiner in den Zusammenhängen seiner Christosophie dargestellt hat. Er durchpulst sie, seitdem er sich lebend, sterbend, auferstehend mit diesem Lebensorganismus des Planeten Erde verbunden hat.

Im Grunde knüpft Novalis mit seiner Anschauung bei der urchristlichen Überlieferung an, bei Paulus und bei Johannes. Beide haben das Irdische nicht etwa gnostisch-gnostizistisch als Geschöpf eines bösen Weltenschöpfers (Demiurg) verdächtigt. Das »ängstliche, erwartungsvolle Harren der Kreatur«, von dem beispielsweise Paulus im 8. Kapitel seines Römerbriefes schreibt, findet eine letzte gültige Antwort durch jene gewaltige apokalyptische Schau des Johannes von der zukünftigen Gottstadt des himmlischen Jerusalem. Als *Ziel*bild der auf dem Wege befindlichen Menschheit steht das himmlische Jerusalem dem *Ur*bild des Paradiesesgartens gegenüber. Diesen Weg vom »Garten« zur »Stadt« gilt es zurückzulegen. Es ist der Menschheitsweg, der Weg einer Entwicklung und Vollendung.

Bei aller Liebe, die Novalis der Vergangenheit und den Gütern der geistig-religiösen Tradition zuwendet, dominiert bei ihm doch letztlich dieser *Zukunfts*aspekt. Seinen schon erwähnten Aufsatz *Die Christenheit oder Europa* beginnt er zwar mit der wehmütig klingenden Festtellung:

»Es waren schöne glänzende Zeiten, wo Europa ein christliches Land war, wo *eine* Christenheit diesen menschlich gestalteten Weltteil bewohnte«, – aber das Auge des Sehers hat bereits letzte, entfernteste Zukunftstatsachen ergriffen:

»Nur Geduld, sie wird, sie muß kommen, die heilige Zeit des ewigen Friedens, wo das neue Jerusalem die Hauptstadt der Welt sein wird; und bis dahin seid heiter und mutig in den Gefahren der Zeit, Genossen meines Glaubens!«

Mit dieser Hoffnung steht Novalis nicht allein. Er tritt an die Seite des mittelalterlichen Sehers Joachim von Fiore, der nach den Zeiten des (alttestamentlichen) Vaters und des (neutestamentlichen) Sohnes das Reich des Heiligen Geistes herannahen sieht. Durch Lessings Aufsatz *Die Erziehung des Menschengeschlechts* war Novalis mit diesem Gedanken bekannt gemacht worden. Lessing schreibt dort nämlich:

»Sie wird gewiß kommen, die Zeit eines neuen ewigen Evangeliums, die uns selbst in den Elementarbüchern des Neuen Bundes versprochen wird.«

Anklänge sind nicht zu verkennen. Und doch werden wir Novalis nicht daran zu messen haben, was er an Motiven von da oder dort aufgegriffen haben mag. Echte Inspiration, echte Geistesgegenwart ist überhaupt erst in der Lage, derartige Motive als Materialien – gleichsam von innen her – in individueller Kongenialität aufzunehmen, um sie dann aus dem inspirierenden Geist heraus mit eigenem Leben zu durchdringen und zu erfüllen.

»DER HEILIGE GEIST IST MEHR ALS DIE BIBEL...«

Nach dem bisher Besprochenen ist es zu erwarten, daß ein Mann wie Novalis auch ein Wort zur Frage nach dem Verhältnis von Geist und Buchstabe zu sagen hat. Seine Antwort reiht ihn ein in die Schar der Esoteriker, die sich bei allem Respekt vor der Tradition heiliger Schriften und der Überlieferung bis zu einem gewissen Grade vom Buchstaben freizumachen vermögen, weil die Inspirationsquelle wichtiger, wesentlicher ist als die Gefäße, in die hinein sie geflossen ist. Denn:

»Der Heilige Geist ist mehr als die Bibel. *Er* soll unser Lehrer des Christentums sein, nicht toter, irdischer, zweideutiger Buchstabe.« – Dies kann Novalis sagen, wiewohl für ihn in den Evangelien »die Grundzüge künftiger und höherer Evangelien« liegen. Der um die Erneuerung des Christentums Bemühte, seines apostolischen Auftrags Bewußte, verfällt daher nicht einer orientierungslosen Schwärmerei: Geist und Buchstabe sind nicht gegeneinander ausgespielt, wohl aber aufeinander bezogen. Daß eine eindeutige Akzentuierung zugunsten des Geistes erfolgt, versteht sich von selbst. Damit bezeichnet Novalis gleichzeitig den Punkt, wo eine die spirituellen Gehalte der Bibel ernstnehmende Überlieferung anzusetzen hat.

Ein Beispiel für die Suche nach der Möglichkeit eines spirituellen Bibelverständnisses bietet der Brief, den Friedrich von Hardenberg am 26. Dezember 1798 an Coelestin Just, seinem Vorgesetzten und Freund, schreibt. Aus ihm wird deutlich, daß beide Männer unterschiedliche Auffassungen vertreten. Justs Position beschreibt Novalis so:

»Sie hängen mit kindlichem Sinn an den unwandelbaren Chiffren einer geheimnisvollen Urkunde, die seit Jahrtausenden unzählige Menschen mit göttlichem Leben erfüllt und Ihre ehrwürdigen Vorfahren ein langes Leben hindurch wie ein Palladium begleitet – einer Urkunde, die, außer wenigen unbegreiflichen Worten, Vorschriften und Beispiele, Geschichten und Lehren enthält, die mit allem übereinstimmen, was die besten und weisesten Menschen, was unser eigenes Gewissen mehr oder weniger klar als das Vortreffliche und Wahre empfohlen, kennengelernt und bewährt gefunden haben. Es scheint sich in ihr noch über alles dieses eine unendliche Welt, wie ein Himmel, zu wölben und eine entzückende Aussicht in eine himmlische Zukunft wundertätig zu eröffnen. Mit welchem Herzen nehmen Sie an der Bibel ein Unterpfand Gottes und der Unsterblichkeit in die Hand – wie glücklich müssen Sie sich vorkommen, wenn Sie sich überzeugt sehen, an ihr eine überirdische Schrift, eine bleibende Offenbarung zu besitzen, in diesen Blättern gleichsam eine leitende Hand aus einer höheren Sphäre festzuhalten!«

Diese von Novalis durchaus respektierte Anschauung des älteren Freundes nennt er die »Theologie des historisch-kritischen Verstandes; dieser sucht eine feste Grundlage, einen unumstößlichen Beweisgrund, findet ihn in einer Sammlung von Urkunden, deren Erhaltung allein schon ein bestätigendes Wunder zu sein scheint, für deren Glaubwürdigkeit alle historischen Beweismittel und Herz und Vernunft zugleich sprechen«.

Wenn Novalis dem auch nicht eigentlich widerspricht – durch Erziehung und Einsicht hat er sogar eine verwandte Auffassung von der Bibel als Urkunde religiöser Erfahrung! – so blickt er jedoch auf das in der Urkunde Aufgehobene selbst hin. Novalis blickt auf *das*, was sich hier in Bildern, Symbolen, Wahrworten, prophetischen Enthüllungen eingetragen hat. Mit anderen Worten: Novalis geht es letztlich nicht allein um dieses zwar ehrwürdige, aber geschichtlich bedingte Dokument, sondern noch vielmehr um die Unmittelbarkeit des göttlichen Geistes selbst. Es ist der Geist, der sich zwar des menschlichen Wortes und Begriffes bedient, der sich aber selber trägt. So hält Novalis seinem Freund die eigene Auffassung entgegen:

»Wenn ich weniger auf urkundliche Gewißheit, weniger auf den Buchstaben, weniger auf die Wahrheit und Umständlichkeit der Geschichte fuße; wenn ich geneigter bin, *in mir selbst* höheren Einflüssen nachzuspüren und mir einen eigenen Weg in die Urwelt zu bahnen; wenn ich in der Geschichte und den Lehren der christlichen Religion die symbolische Vorzeichnung einer allgemeinen, jeder Gestalt fähigen Weltreligion – das reinste Muster der Religion als historischer Erscheinung überhaupt – und wahrhaftig also auch die vollkommenste Offenbarung zu sehen glaube; wenn mir aber eben aus diesem Standpunkt alle Theologien auf mehr und minder glücklich begriffenen Offenbarungen zu ruhen, alle zusammen jedoch in dem sonderbarsten Parallelismus mit der Bildungsgeschichte der Menschheit zu stehen und in einer aufsteigenden Reihe sich friedlich zu ordnen dünken, – so werden Sie das vorzüglichste Element meiner Existenz, die Phantasie, in der Bildung dieser Religionsansicht nicht verkennen.«

Ein strapaziöses Satzungetüm! Und doch lohnt es sich, diesem weit ausholenden »wenn«-Sätzen nachzugehen, denn hier wird das Wagnis unternommen, den Geist der Bibel höher einzuschätzen als den Bibel-Buchstaben. Was Novalis in diesem Brief eben erst behutsam andeutet, die immer wieder ansetzende Art seiner Argumentation drückt diese Behutsamkeit aus — das ist in der Geisteswissenschaft Rudolf Steiners weiter ausgeführt worden. Steiner spricht von »höheren Methoden« eines spirituellen Forschens, das heißt von solchen, die jene Methoden etwa der historischen und der literarischen Kritik nicht etwa außer Kraft setzen oder überflüssig machen wollen. Auf das Christentum und die biblische Überlieferung angewandt, heißt das für Steiner:

»Auch über die bloß geschichtliche Erforschung der Dokumente des Geisteslebens muß ein also Forschender hinausschreiten. Er muß es gerade wegen seiner aus der Betrachtung des natürlichen Geschehens geschöpften Gesinnung... Die Geschichte kann da nur der Vorhof der eigentlichen Forschung sein. Nicht dadurch erfährt man etwas über die Vorstellungen, welche in den Schriften des Moses oder den Überlieferungen der griechischen Mysten herrschen, daß man die geschichtliche Entstehung der Dokumente verfolgt. In diesen haben doch die Vorstellungen, um die es sich handelt, nur einen äußeren Ausdruck gefunden...«

Und nun der entscheidende Satz:

»Im Geistesleben wird man sich an den Geist und nicht an seine äußeren Dokumente zu halten haben[8].«

Es ist im übrigen sicher kein Zufall, daß Rudolf Steiner in seinen zur Weihnachtszeit der Jahre 1908, 1909 und 1912 gehaltenen, dem Gedächtnis und vor allem der Vergegenwärtigung von Novalis gewidmeten Vorträgen der Erneuerung jenes Christentums dienen wollte, das eines vertieften Evangelienverständnisses dringend bedarf. Die Evangelien seien mehr und mehr mißverstanden worden, heißt es da zum Beispiel. Es gelte, zu jenen Quellen zurückzukehren, an denen die Impulse für das »kommende Christentum« zu gewinnen sind:

»Was jetzt notwendig ist, das ist, daß die Evangelien wieder ganz wörtlich verstanden werden; denn in ihrem wörtlichen Verstehen liegt ihr wahrer Weisheitsgrund[9].«

Hier liege eine der spirituellen Pflichten gegenüber der heutigen Menschheit und der Menschheitsentwicklung überhaupt. – Man sieht: Bei aller Betonung des Geist-Ursprungs wird die Bibel nicht relativiert. Eher das Gegenteil ist der Fall, nämlich ein ganz neues Ernstnehmen der Überlieferung, sofern es gelingt, eine spirituelle Interpretation zu praktizieren.

Aber bleiben wir bei Novalis. Was seine Christusanschauung und sein Bibelverständnis betrifft, so wird jetzt nach dem Inspirationsquell zu fragen sein, auf den er sich selbst immer wieder beruft und für den seine Werke, vor allem die seiner letzten Lebensjahre, ein beredtes Zeugnis ablegen. Sie sind von einer großen Gewißheit durchdrungen, von der Gewißheit:

»Die Geisterwelt ist uns in der Tat schon aufgeschlossen. Sie ist immer offenbar...«

SOPHIE

Der entscheidende Wendepunkt auf dem Weg nach innen ist für Friedrich von Hardenberg in der Lebensbegegnung mit Sophie von Kühn zu suchen. Das Zusammentreffen mit diesem der Kindheit noch kaum entwachsenen Mädchen ist – je nach Standort und Betrachtungsart – sicher unterschiedlichen Deutungen zugänglich.

Hier sei nur auf jenen Aspekt kurz eingegangen, den der junge Dichter selbst für lebensentscheidend gehalten hat, nämlich auf den der Einweihung in die Mysterien von Liebe und Tod. »Eine Viertelstunde hat mich bestimmt«, gesteht er seinem Bruder Erasmus. Im Sinne der esoterischen Tradition könnte man es auch das »mysterium coniunctionis«, das Geheimnis der Vereinigung nennen, aus dem der Mensch als ein in den Tiefen seines Seins Gewandelter, zur Ganzwerdung Gereifter hervorgeht. Ein Vorgang, in dem der Mensch sein wahres Ich, sein Selbst findet.

Die Begegnung selbst läßt sich in knapper Form skizzieren: Ein junger Mann wird sich blitzartig bewußt, daß er der Einen, der Geliebten — nicht einer unter vielen möglichen — gegenübertritt. Und wiewohl der Eros des Blutes seine unverkennbare leidenschaftliche Sprache spricht, für die Novalis manche unmißverständliche Belege liefert, fühlt der Begegnende deutlich, »daß es nähere Verwandtschaften gibt, als die das Blut knüpft«.

Wo es um mehr geht als um ein kurzlebiges, rascher Veränderung unterworfenes Fühlen, da wird eine Probe besonderer Art verlangt. Sie muß angesichts des Todes bestanden werden. Erst als Sophie nach schwerem Leiden gestorben ist, und erst als die Tage einer dumpfen Trauer vorüber sind, beginnt für den Liebenden gleichsam von der *anderen* Seite der Wirklichkeit her das Licht eines neuen Lebens aufzuleuchten. Wenn Novalis auch bereits zu Lebzeiten des Mädchens sagen konnte, seine Braut trage denselben Namen wie sein Studium, nämlich die »Philo-Sophie«, so eröffnet sich ihm jedoch erst *nach* Sophiens Tod der Blick für die wesenhafte Transparenzerfahrung. Das heißt: Jetzt erst wird er im Vollsinn des Wortes einer geistigen Wirklichkeit gewahr, um die er zwar zuvor gewußt hat, über die er nachsann, die er dichterisch umkreiste. Aber jetzt erst erscheint ihm diese Wirklichkeit mit dem Namen und der Person dieses einen Menschen verbunden. Dafür sind nun die Augen des Geistes, Wahrnehmungsorgane einer höheren Ordnung, aufgetan. Man kann zumindest die Frage stellen: Ist das Seelenbild, das sich dem Novalis zeigt, noch das Bild bloßer Erinnerung an Sophie von Kühn, und zwar samt ihrer Eigen- und Unarten, oder kommt da nicht viel stärker eine andere Dimension in seinen Gesichtskreis?

Das Erstaunliche in der Geschichte des neueren Christentums liegt zweifellos darin, daß der streng pietistisch erzogene Protestant Friedrich von Hardenberg durch diese Liebes- und Todeserfahrung den Zugang zur Wirklichkeit der göttlichen Sophia findet. Damit ist die Enge und die Einseitigkeit einer betont patriarchalisch ausgerichteten Frömmigkeit und Theologie durchbrochen.

Es muß sogleich hinzugefügt werden, daß diese Sophia nicht einfach mit Maria, der Mutter Jesu, identifiziert werden darf, wie das Marien- und Muttermotiv in den Dichtungen des Romantikers es nahelegen könnte. Auch hier wird man Erscheinungen und Urbild auseinanderhalten müssen.

Diese in der christlichen Esoterik immer wieder auftauchende, zuvor von dem lutherischen Theosophen Jakob Böhme geschaute Wesenheit der göttlichen Sophia läßt sich freilich kaum in zufriedenstellender Weise definieren[10]. Sie ist, wie jedes echte Symbol und wie jede archetypische Wesenheit, vielgesichtig und vieldimensional: Da ist einmal des Aspekt der »Weisheit Gottes«, die bereits bei der Weltschöpfung als »Werkmeisterin« da war. Das Alte Testament und die jüdische Kabbala wissen von ihr zu berichten. Da ist andererseits die weiblich aufgefaßte Wesensseite des inspirierenden Geistes. Novalis vermochte sich diese Tatsache zum Bewußtsein zu bringen, wenn er sagte, daß er Sophie ihrer Geistgestalt nach gar nicht verloren habe. In Wirklichkeit habe er sie, die bis dahin unbewußte

Seite seines eigenen schöpferischen Selbst, erst gefunden.

Einmal hören wir von einer visionären Begebenheit, der er teilhaftig wurde, als er das Grab seiner verstorbenen Braut besuchte. Unter dem 13. Mai des Jahres 1797 notiert der Fünfundzwanzigjährige in seinem Tagebuch:

»Abends ging ich zu Sophien. Dort war ich unbeschreiblich freudig – aufblitzende Enthusiasmus-Momente. – Das Grab blies ich wie Staub vor mir hin. – Jahrhunderte waren wie Momente – ihre Nähe war fühlbar – ich glaubte, sie solle immer vortreten.«

Von dieser Vision am Grab und von der in den *Hymnen an die Nacht* berichteten Schau datiert letztlich das Dichtertum jenes Novalis, den wir kennen, eben nicht nur des Dichters der »blauen Blume«, sondern der inneren Erfahrungen Teilhaftige, der Eingeweihte. Das ist das Eine.

Dabei sei andererseits nicht unterschätzt, welchen bedeutenden Anteil seine zweite Braut, Julie von Charpentier, an seinem späten Schaffen gehabt hat. Diese zweite Liebesbeziehung steht nicht etwa im Widerspruch zu der einzigartigen Liebesbegegnung mit Sophie von Kühn. Vielmehr hat diese »letzte Liebe«, wie er sie im Gedicht einmal nennt, dieses transzendierende, die menschliche Begegnung auf eine höhere Ebene rückkende Sophienerlebnis zur Voraussetzung.

Daß Novalis in seinen Liedern und Hymnen den Eros aufs neue geradezu kultusfähig gemacht hat, ist eine Tatsache, die sich einer spiritualistisch reduzierenden Deutung entzieht und die nach einer beinahe zweitausendjährigen Verdächtigung, Abwertung und Verteufelung von Leib, Eros und Sexus heute, in einem Augenblick gewürdigt zu werden verdient, in dem uns – gleichsam vom Gegenpol her – eine Fehleinschätzung durch krassen Sexualismus droht!

Dieser Eros, dessen Metaphorik bei Novalis bis zum Wandlungsmysterium von Leib und Blut vordringt und der selbst die kreatürliche Welt global umschließt, ist mit einem kühnen Brückenbogen zu vergleichen, der einen trennenden Schicksalsstrom überbrückt. Er ist von einem über die Kluft von Materie und Geist, von Diesseits und Jenseits gespannt worden, der von sich sagen kann, daß er »des irdischen Leibes hohen Sinn erraten« habe. Denn – so heißt es in der »Hymne«:

> Wenige wissen
> Das Geheimnis der Liebe,
> Fühlen Unersättlichkeit
> Und ewigen Durst.
> Des Abendmahls
> Göttliche Bedeutung
> Ist den irdischen Sinnen Rätsel;
> Aber wer jemals
> Von heißen, geliebten Lippen
> Atem des Lebens sog,
> Wem heilige Glut
> In zitternde Wellen das Herz schmolz,
> Wem das Auge aufging,
> Daß er des Himmels
> Unergründliche Tiefe maß,
> Wird essen von seinem Leibe
> Und trinken von seinem Blute
> Ewiglich ...

Ein Seher, weil ihm »das Auge aufging«, faßt er nun Menschheitszukunft in den Blick:

Gegründet ist das Reich der Ewigkeit
In Lieb und Frieden endigt sich der Streit,
Vorüber ging der lange Traum der Schmerzen,
Sophie ist ewig Priesterin der Herzen.

Mit diesen Zeilen schließt der erste Teil des Romanfragments *Heinrich von Ofterdingen* – betitelt »Die Erwartung«. An dieser Stelle darf auch jener Strophen gedacht werden, die noch zu Lebzeiten von Sophie niedergeschrieben worden sind und in denen der Dichter mit bemerkenswerter Hellsicht spätere Elemente seines Schauens vorwegnimmt:

. . .

Soll ich getrennt sein ewig? – Ist Vorgefühl
Der künftigen Vereinigung, dessen, was
Wir hier für unser schon erkannten,
Aber nicht ganz noch besitzen konnten –

. . .

Du bist nicht Rausch – du Stimme des Genius,

Du Anschaun dessen, was uns unsterblich macht,
Und du Bewußtsein jenes Wertes,
Der nur erst einzeln allhier erkannt wird.
Einst wird die Menschheit sein, was Sophie mir
Jetzt ist – vollendet – sittliche Grazie –
Dann wird ihr *höheres Bewußtsein*
Nicht mehr verwechselt mit Dunst des Weines.

Das Doppelwort aus dem Tagebuch, das Novalis in den Tagen nach Sophiens Hingang geführt hat und das als das Schlüsselwort seines geistig-religiösen Erkenntnisringens gelten kann, lautet daher:
»*Christus und Sophie.*«
Damit läßt Novalis die durch Dogma und Bekenntnisformeln fixierten Positionen des traditionellen Kirchentums hinter sich. Er stößt das Tor zu einem Christentum auf, das den Menschen auf einen Weg stellt, der zum Ziel der Menschheit – im einzelnen wie in kosmischer Hinsicht – hinführen soll. Es umfaßt Selbsterkenntnis und Welterkenntnis, die mystische und die chymische Hoch-

zeit des Menschen. Von diesem Doppelaspekt christlicher Esoterik war bereits die Rede.

Über diesen »esoterischen, im tiefsten, johanneischen Sinne christlichen Geist, dem keine Weite der Welt und keine Ferne des Geheimnisses unerreichbar erscheint und der sich den großen Mystikern als ein Ebenbürtiger zugesellt[11]«, wie sich Martin Beheim-Schwarzbach ausdrückt, urteilt Friedrich Hiebel summarisch:

»Mit ihm begann eine neue Epoche christlicher Existenz, die sich auf dem Boden des Bewußtseins vom reinen Ich gründet. Er lebte uns einen Typus christlicher Jüngerschaft vor, den es bisher nicht gab. Seine Sehnsucht nach der Wiederkehr des goldenen Zeitalters entsprang seiner reinen Bereitschaft zum Kindsein, zu johanneischer Gotteskindschaft. Das empfanden selbst Menschen, die ihn in seiner Zeit nur von ferne ahnten ... In Novalis lebte Ankunftsstimmung eines Zeitalters, das sich mit ihm in Augenblicken des Sehertums zur Gewißheit der Christusgegenwart steigerte. Erst allmählich hat er in unserem Jahrhundert Heimstatt gefunden.

Als ein Kommender wird er in das künftige Jahrtausend eingehen. Seine Wirkung wächst in die Weite der Welt. Das Wort der Christusnähe wird währen[12].«

Die Worte des Interpreten nehmen selbst prophetische Züge an. Dabei ist nicht zu leugnen, daß den Hardenbergschen Texten und Bildern eine Faszinationskraft innewohnt, der sich schwerlich jemand entziehen kann. Das Irdische, das Menschlich-Individuelle, auch und gerade die Liebesbeziehung zwischen Friedrich und Sophie, sie werden transzendiert. In seinen eigenen Worten heißt das:

»Das große Geheimnis ist allen offenbar und bleibt ewig unergründlich. Aus Schmerzen wird die neue Welt geboren, und in Tränen wird die Asche zum Trank des ewigen Lebens aufgelöst. In jedem wohnt die himmlische Mutter, um jedes Kind ewig zu gebären. Fühlt ihr die süße Geburt im Klopfen eurer Brust?«

JAKOB BÖHME ALS
»VERKÜNDIGER DER MORGENRÖTE«

Es gehört zum Verdienst der deutschen Romantik, wertvolle Erbstücke der Vergangenheit wiederentdeckt und an die geistige Tradition angeknüpft zu haben. Dazu gehört die Wiederentdeckung der deutschen Mystik, voran die Meister Eckharts, sodann auch die Jakob Böhmes. Gerade sein inspirierender Einfluß auf die Romantik und von da aus auf weitere Bezirke der Geistesgeschichte ist nicht zu unterschätzen.

Welche große Bedeutung Jakob Böhme, der geistesmächtige Mystiker und Theosoph, der prophetische Geisteslehrer und der aus dem Geist der Christosophie wirkende Seelenführer[13] für Novalis gewonnen hat, wird vor allem in seiner letzten Schaffensperiode deutlich. Ganz abgesehen von den möglichen Einzelnachweisen sei ein Gedicht herangezogen, dessen Strophen die Überschrift *An Tieck* tragen.

Mit diesem Gleichgesinnten bestand nicht nur eine jahrelange enge Freundschaft, eine Freundschaft, zu der sich Tieck selbst über Tod und Grab Friedrichs hinaus bekannt hat. Ludwig Tieck war es auch, der ihn mit dem Autor der berühmten *Aurora oder Morgenröte im Aufgang* näher bekannt gemacht hat. Hatte Novalis bis dahin offensichtlich nur eine bruchstückhafte, bloß wissensmäßige Kenntnis von den Schriften des Görlitzer Meisters, so konnte er am 23. Februar des Jahres 1800 an Ludwig Tieck schreiben:

»Jakob Böhm' les' ich jetzt im Zusammenhang, und fange an, ihn zu verstehn, wie er verstanden werden muß. Man sieht durchaus in ihm den gewaltigen Frühling mit seinen quellenden, treibenden, bildenden und mischenden Kräften, die von innen heraus die Welt gebären – ein echtes Chaos voll dunkler Begier und wunderbarem Leben – einen wahren, auseinandergehenden Mikrokosmos. Es ist mir sehr lieb, ihn durch Dich kennengelernt zu haben.«

Das ist ein wichtiges Geständnis! So verbreitet Böhmes erstes, selbst Fragment gebliebenes Werk *Morgenröte im Aufgang* spätestens seit Frühjahr 1800 sein wohltätiges, erweckendes Licht über dem Leben und Schaffen des Novalis – und nicht nur über ihm. Da gibt es noch manche andere Romantiker-Persönlichkeit, die den »Philosophus teutonicus« für sich entdeckt. Man denke nur an die Philosophen Franz von Baader, an Schelling, aber auch an Hegel, der das Denken – es ist ein seherisch schauendes Denken – »echt deutsch« genannt hat. Im selben Frühjahr schreibt Novalis sein Gedicht *An Tieck* nieder. Es sind Verse, die sich eigentlich erst aufgrund der Kenntnis von Böhmes Imaginationen erschließen und interpretieren lassen:

Ein Kind »voll Wehmut und voll Treue« ist in ein fremdes Land verstoßen. Das ist ein Bildausdruck für das Schicksal des Geistsuchers, der den Erkenntnisweg betritt. Wir begegnen dieser und ähnlichen Vorstellungen immer wieder, beispielsweise auch in Texten und Liedern der frühchristlichen Gnostiker. Fremde und Einsamkeit sind unerläßliche Durchgangsstationen im Erkenntnisringen überhaupt.

Das Kind in unserem Gedicht bleibt dem

Hort des »Alten«, also der geistigen Überlieferung, zugewandt. Suchend, wartend »nach manchem mühevollem Gang« findet es »ein altes Buch mit Gold verschlossen, und nie gehörte Worte drin«. Es eröffnet sich ihm »ein innrer Sinn«, mit dem es wie in einem Kristall die neue Welt zu schauen vermag. Und nicht nur das, »ein alter Mann im schlichten Rock« tritt an das Kind heran. Auf den ersten Blick möchte der Leser in diesem Mann im schlichten Rock Jakob Böhme, den unscheinbaren Schuster aus Görlitz, erkennen. Er könnte etwa der Autor des geheimnisvollen Buches sein. Aber es zeigt sich, daß gar keine irdische Verkörperung und auch kein literarisches Dokument der Vorzeit gemeint ist. Dem Dichter geht es vielmehr um »des Buches hohen Geist«, der sich inspirierend, aus den Schätzen seiner Geist-Berührung mitteilend dem Kind zuwendet, und zwar mit der erschütternden Eröffnung:

Du bist der Erbe meiner Habe,
Dir werde Gottes Tiefe kund!

»Gottes Tiefe« in allen Kreaturen zu gewahren, das kann freilich als eine der besonderen Gaben gelten, die Jakob Böhme einst zuteil geworden sind, wenn er von sich sagte, er vermöge den Dingen »ins Herz« zu sehen.

Schlägt man beispielsweise das dritte Kapitel der Böhmeschen *Morgenröte im Aufgang* auf, dann wird der Leser auf das Schaffen Gottes in der Natur verwiesen. So lesen wir dort:

»Wenn man nun betrachtet die ganze Natur und ihre Eigenschaft, so siehet man den Vater; wenn man anschauet den Himmel und die Sterne, so siehet man seine ewige Kraft und Weisheit[14].«

Nun ist aber Böhme ein trinitarischer Denker, das heißt einer, der in allen Dingen der Natur- wie der Geisteswelt das Prinzip der Drei ausgedrückt findet. Böhme fährt fort:

»So man nun will Gott, den Sohn, sehen, so muß man abermals natürliche Dinge anschauen, sonst kann ich nicht von ihm schreiben. Der Geist siehet ihn wohl, aber man kann es nicht reden oder schreiben...«

Ist es da ein Wunder, daß sich Novalis als ein nach Selbst- und Welterkenntnis Fragender, ein nicht nur die mystische sondern immer auch die chymische Hochzeit Ersehnender gerade durch Jakob Böhme besonders angesprochen fühlt? Hier besteht eine intime Gemeinschaft des Geistes! Hier wie dort redet ein anschauender Denker, das heißt einer, der in dem, was er sieht, die »Chiffernschrift« einer höheren, zugleich tieferen Dimension der Wirklichkeit zu erkennen, zu lesen vermag. Es ist jene Schrift, von der es schon in *Die Lehrlinge zu Sais* heißt: »... die man überall, auf Flügeln, Eierschalen, in Wolken, im Schnee, in Kristallen und in Steinbildungen, auf gefrierenden Wassern, im Innern und Äußern der Gebirge, der Pflanzen, der Tiere, der Menschen, in den Lichtern des Himmels, auf berührten und gestrichenen Scheiben von Pech und Glas, in den Feilspänen um den Magneten, und sonderbaren Konjunkturen des Zufalls erblickt...«

Weil Novalis ebenfalls christusbezogen schaut und denkt, deshalb »schimmert sein (des Christus) Angesicht in allen Dingen«.

Der Geist selber aber ist »der heilige, wallende Freudenquell«. Nach dem Gleichnis dieser Dreiheit sind alle Dinge in dieser Welt gemacht. Dieser Werdeprozeß dauert fort. Der Mensch als der Sinnende und als der Schauende ist in diesen Prozeß als ein Schaffender einbezogen. Ahnend, erkennend wird er der Anwesenheit des als Vater, Sohn und Geist fortwirkenden Gottes inne. Auf diese Spur möchte Böhme seine Geistesschüler setzen; Novalis nimmt dieses große Thema auf und macht es zu seinem eigenen Lebensauftrag!

Keine Frage, Novalis muß staunend und enthusiasmiert die Botschaft des Görlitzer Meisters in sich eingesogen haben. Denn nur so ist es zu begreifen, daß er – das »Kind« – sich dazu berufen fühlt, die Erbschaft dessen anzutreten, der aus »des Buches hohem Geist« geschöpft hat. Böhmes Erleben und Schaffen berührend, heißt es im Gedicht:

Auf jenem Berg als armer Knabe
Hab ich ein himmlisch Buch gesehn,
Und konnte nun durch diese Gabe
In alle Kreaturen sehn.

Es sind an mir durch Gottes Gnade
Der höchsten Wunder viel geschehn;
Des neuen Bunds geheime Lade
Sahn meine Augen offen stehn.

Ich habe treulich aufgeschrieben,
Was innre Lust mir offenbart,
Und bin verkannt und arm geblieben,
Bis ich zu Gott gerufen ward.

So wie das Vermächtnis des Görlitzer Theosophen nicht nur zurückgewandt ist, so richtet sich auch der Blick unseres jugendlichen Dichters auf die in der Gegenwart und Zukunft sich ankündigende Geistesoffenbarung. Novalis schreibt und gestaltet schauend aus lebendiger Geistes-*Gegenwart* heraus. Er ergreift den Augenblick als den Moment, in dem die Entscheidung fällt, denn:

Die Zeit ist da, und nicht verborgen
Soll das Mysterium mehr sein.
In diesem Buche bricht der Morgen
Gewaltig in die Zeit hinein.

Eben dieses mysterienenthüllende Schlüsselwort: »Es ist an der Zeit!«, das uns aus Goethes »Märchen« bekannt ist, wurde zwei Jahrhunderte zuvor im 9. Kapitel der *Morgenröte im Aufgang* und auch an anderer Stelle von Böhme zuerst niedergeschrieben. Dort heißt es:

»Denn die Zeit der Wiederbringung, was der Mensch verloren hat, ist *nunmehr vorhanden*, die Morgenröte bricht an, *es ist Zeit*, vom Schlafe aufzuwachen...«

In den Dienst der Erweckung sieht sich Novalis ebenso gestellt wie Jakob Böhme. Im Grunde ist das die Aufgabe jedes Menschen, der selbst entsprechende Einblicke empfangen hat; — aus dem Empfang der Gabe erwächst die Aufgabe, die Aufgabe der Weitergabe.

Auf die Treue zu dem geheimnisvollen Buch verpflichtet, wird in unserem Gedicht das Kind zum »Verkündiger der Morgenröte« eingesetzt. Das, was in diesem Kind eingangs als eine Zugewandtheit zum »Alten« erschienen ist, erweist sich jetzt vollends als Hinwendung zu dem, was erst noch kommen soll. So wie einst die Boten des Christian Rosenkreuz die Erneuerung von

Mensch und Welt im Zeichen der Rose bzw. des Rosenkreuzes proklamiert haben, so erwartete Böhme eine Generalreformation der ganzen Welt im Zeichen der Lilie. Eschatologisch-endzeitliche Vorstellungen werden wach, bei Jakob Böhme, bei Novalis, bei all denen, die des anbrechenden »tausendjährigen Reiches« (Joachim von Fiore), des »goldenen Zeitalters« (Novalis) gewärtig sind. Unnötig zu sagen, daß diese »Zeit« ebensowenig chronologisch eingrenzbar ist wie das »Reich Gottes«, das manche historisch-geographisch fixieren möchten.

Die letzte Strophe des Gedichts *An Tieck* mutet wie eine letzte Selbstvergewisserung an. Als Verkünder des »letzten Reiches« wird der Mensch teilhaben am »überschwenglichen« Wesen, an dem neuen Sein, das auch die Vergangenheit, Ursprung und Gegenwart, ja selbst das Wiedersehen mit Jakob Böhme einschließt:

> Du wirst das letzte Reich verkünden,
> Das tausend Jahre soll bestehn;
> Wirst überschwenglich Wesen finden,
> Und Jakob Böhmen wiedersehn.

»ASTRALIS« – MYSTERIUM MÄNNLICH-WEIBLICHER GANZHEIT

An einem Sommermorgen ward ich jung;
Da fühlt ich meines eignen Lebens Puls
Zum erstenmal – und wie die Liebe sich
In tiefere Entzückungen verlor,
Erwacht ich immer mehr, und das Verlangen
Nach innigerer, gänzlicher Vermischung
Ward dringender mit jedem Augenblick.
. . .
Ihr kennt mich nicht und saht mich werden . . .

So lauten die ersten Zeilen des Gedichts *Astralis*. Mit ihm eröffnet der Dichter den zweiten, »Die Erfüllung« überschriebenen Teil seines *Ofterdingen*-Romans.

Die Grenze der irdischen Realität ist überschritten, denn das Ich, das hier redet, ist kein Erdenmensch. Die nachgelassenen Materialien zur Fortsetzung des Fragments sprechen von der »Geburt des siderischen Menschen«. Das ist Astralis, ein zu den Sternensphären Erhobener, der auf Erden geahnt, ersehnt werden mag, der aber der vollen irdischen Verkörperung nicht fähig ist: das große Ich, das wahre Selbst, die unsterbliche Individualität, – und wie immer das Urbild des Menschen genannt werden mag.

Astralis ist die Frucht der »ersten Umarmung Mathildens und Heinrichs«, das heißt der Hauptgestalten des Romans. »Dieses Wesen spricht nun immer zwischen den Kapiteln«, so notiert Novalis bezüglich der Funktion, die Astralis beziehungsweise der siderische Mensch im Fortgang der erst noch zu vollendenden Dichtung erfüllen soll: »Die Wunderwelt ist nun aufgetan.« Diese Wunderwelt wird als Imagination zukünftiger, die Gegensätze aufhebender Gestaltungen herbeigerufen, und zwar im Bild des nach neuen Werdegesetzen geformten Menschen. In ihm mag man das im Grunde unaussagbare, jedoch immer wieder zu beschreiben versuchte Zielbild der Menschheitssehnsucht erblicken, sei es als »Homo coelestis« in mittelalterlichen Texten, als

»Homo maximus« bei Emanuel Swedenborg, als »Hyperanthropos« oder »Übermensch« bereits bei dem ekstatischen Prediger des 2. Jahrhunderts, Montanus, der die Zeit des Heiligen Geistes schon gekommen sah.

Nun ist es bemerkenswert, wenn man sieht, welche Veränderungen eingetreten sind, wenn der Astralis-Mensch auf sublime Weise Gestalt gewinnt: »Das Verlangen nach innigerer, gänzlicher Vermischung« hat eine neue, mit dem pflanzlichen Sein vergleichbare Qualität erlangt. Das bedeutet jedoch keinen Rückschritt auf die Pflanzenstufe innerhalb der Evolution. Das Bild des Pflanzenhaften meint eher Transformation und Läuterung. Wer einen Baum, eine Blüte oder auch das Rosenkreuz meditiert, »weiß«, was gemeint ist.

Mit anderen Worten: Die Triebnatur des Menschen, die bei Novalis nirgends verleugnet oder gar mit abfälligen Worten bedacht wird, die vielmehr als »Wollust« volle Bejahung findet, tritt in ein Stadium von blütenartiger Keuschheit ein:

Versunken lag ich ganz in Honigkelchen
...
Da sank das erste Stäubchen in die Narbe ...

Der Zeugungs-, Wachstums- und Bewußtseinsbildungsprozeß höherer Art nimmt seinen Anfang. Astralis kann entstehen. Vielleicht dürfen wir an eine Coniunctio übergeschlechtlicher Ganzheit denken, wenn »nicht einzeln mehr nur Heinrich und Mathilde«, also Mann und Frau einander gegenüberstehen, sondern wenn sich beide – eben in der Gestalt von Astralis »zu einem Bilde« vereinen. Die Alchimisten sprechen bekanntlich vom »Puer aeternus«, dem ewigen Knaben, vom »Sonn- und Mondskind« ...

Das heißt doch: Das Urbild männlich-weiblicher Ganzheit, von dem die Mythen der Völker, auch das Alte Testament (I. Mose 1,26 f) oder Platons berühmter Symposion-Dialog berichten, ist auf höherer Ebene zum Zukunftsbild der Menschheit geworden. Die Aufspaltung in die Zweiheit der Geschlechter, die ihren Sinn hat und letztlich der Reifung dient, der Menschwerdung des Menschen — diese Aufspaltung ist nun endlich überwunden. Das ist der prophetische Traum des Dichters. (Übrigens, auch hierin gibt es einen wichtigen Berührungspunkt mit Jakob Böhme!) Das alte Gesetz des Blutes und der Blutsverwandtschaft ist schon seit der Erscheinung Christi einer Gemeinschaft und Bruderschaft im Geist gewichen, so sehr auch die Fakten der Geschichte dagegen sprechen mögen! Novalis sprach es im bereits angeführten Brief aus, als er auf eine Verwandtschaft hindeutete, die der Blutsbindung entbehren kann[15].

Damit ist der Mensch am Ziel seines Werdeprozesses. Denn:

Vollendet war das irdische Geschick,
Im seligen Verklärungsaugenblick.

Verklärung ist nicht Negation, nicht Leugnung oder gar Verteufelung des Leiblichen, sondern dessen Transformation. Es ist die Wesensverwandlung, die, wie im Transsubstantiationsgeheimnis des Abendmahls, eine neue Qualität schafft.

Unserer Dichtung ist noch ein zweiter

Teil zugeordnet. Der erste, mehr anthropologische, auf den Menschen bezogene Teil korrespondiert mit dem anderen, der den Anbruch des Neuen im Kosmos zum Inhalt hat:

Es bricht die neue Welt herein.

Nach der mikrokosmischen Ganzheit, die das Thema des ersten Teils ist, wird nun unser Blick auf die makrokosmisch-universale Ganzheit gelenkt, »eins in allem und alles in Einem«. Wo zuvor Alltägliches in »bemoosten Trümmern« erblickt wurde, da zeigt sich Neues. Eine einzige große Diaphanie, ein Transparentwerden der Natur hebt an. Die zeitlichen Dinge werden durchsichtig für das Ewige, für das ihnen zugrunde liegende Geistige. Sinnliches und Übersinnliches durchdringen einander. Ewigkeit – so würde Jakob Böhme gesagt haben können – wird *in der Zeit* erschaubar.

Mit anderen Worten: Die Signaturen und Phänomene verweisen auf das einwohnende, sich je und je aussprechende Urphänomen. Schlicht gesagt:

Gottes Bild auf Kräutern und Sternen,
Gottes Geist in Menschen und Tieren

– das gilt es, sich bewußt zu machen. So wie sich Ewigkeit inmitten der Zeit manifestiert, so sind nach der Verwandlung von Zeit und Raum auch Vergangenheit und Zukunft ineinander verschlungen: »Alles muß ineinandergreifen.« Selbst

Wehmut und Wollust, Tod und Leben
Sind hier in innigster Sympathie ...

Die Phantasie, gemeinhin mit unscharfen ästhetisch-poetischen Kategorien gemessen, scheint jetzt eine Erkenntnisfunktion zu erfüllen. Sie wird zur Schaukraft.

Doch als erinnerte sich der Dichter jäh seiner noch andauernden irdischen Existenz in der »trüben Welt«, wo die Liebe, selbst die Liebe nie heilende Wunden zu schlagen vermag, beschließt er das Gedicht. Er erzielt damit eine Kontrastwirkung, durch die Astralis um so lichter und verklärter erscheint – ein Bild der Hoffnung auf den Menschen, der werden soll!

»GEISTLICHE LIEDER«

Seit Bekanntwerden der Dichtung Friedrich von Hardenbergs tauchten in den landeskirchlichen Gesangbüchern immer wieder Lieder auf, die auf Novalis zurückgehen. Die Aufnahme erfolgte wohl deshalb, weil Anklänge an die Lieder des Grafen Nikolaus von Zinzendorf (1700-1760) und an die in der Herrnhuter Brüdergemeinde gesungenen Choräle nicht zu leugnen sind. Das ist auch nicht verwunderlich, wenn man daran denkt, daß die pietistische Herzensfrömmigkeit Zinzendorfscher Prägung in der Familie der Hardenbergs dominierte. Novalis hat aus diesem geistlichen Reservoir geschöpft, vor allem in der ersten Zeit seines dichterischen Schaffens, in der sich freilich auch Elemente von dem Geist der religiösen Aufklärung, etwa der Oden Klopstocks, nachweisen lassen.

Darüber darf aber nicht vergessen werden,

daß der Dichter nicht einfach formale und Stimmungselemente seiner Vorbilder übernimmt. Es ist die eigene religiöse Erfahrung, die Begegnung mit Liebe und Tod, seine Schicksalseinweihung also, durch die Novalis sich selbst fand. Zum Dichter der *Geistlichen Lieder* mußte er erst reifen. Das gilt nicht weniger für den Zyklus der *Hymnen an die Nacht*.

Der Autor hat uns eine Reihe von Anhaltspunkten gegeben, aus denen wir die ursprüngliche Zielsetzung erschließen können, denn die Absicht, so etwas wie ein »neues geistliches Gesangbuch« zu schaffen, und die Abfassung »christlicher Lieder« taucht früh bei ihm auf. In seinen Aufzeichnungen findet sich die Stelle:

»Christliche Lieder – Predigten – Auszüge aus alten frommen Schriften ... Inhalt eines religiösen Journals... In den meisten Lavaterschen Liedern ist noch zuviel Irdisches und zuviel Moral und Asketik. Zuwenig Wesentliches – zuwenig Mystik. Die Lieder müssen weit lebendiger, inniger, allgemeiner und mystischer sein. Die Predigten müssen auch schlechthin nicht dogmatisch

– sondern unmittelbar zur Erregung des heiligen Intuitionssinnes – zur Belebung der Herzenstätigkeit sein... Gottes Worte müssen echte Predigten sein – Inspirationen – Religiöse Erscheinungen – Offenbarungen in Worten.«

Ein allererster Rohentwurf also. Unschwer erkennt man auch in diesen Notizen den Hinweis auf das initiatische Prinzip. Der seiner »apostolischen Würde« Bewußte will Menschen geistlich-religiös voranbringen, nämlich durch »die Erregung des heiligen Intuitionssinnes«. Unmittelbarkeit ist herzustellen. Das bedeutet letztlich auch Freiheit gegenüber kirchlichen Institutionen oder angesichts eines geistlichen Lehramtes.

Bemerkenswert ist es nun zu sehen, wie der Dichter der *Geistlichen Lieder*[16] bewußt an die kirchliche Tradition anknüpft, bald an die römisch-katholische Überlieferung der alten Kirche, bald an die des reformatorischen Christentums, ohne sich jedoch von der einen oder anderen historischen Ausformung der Kirche vorschreiben zu lassen, wie seine Christusdeutung auszusehen habe:

Hat Christus sich mir kundgegeben
Und bin ich seiner erst gewiß...

— das ist für Novalis der maßgebliche Punkt für seine Orientierung. Dieser Punkt liegt eben nicht in äußeren, theologisch bestreitbaren dogmatischen Festlegungen, sondern in der Gewißheit, die die Erfahrung gewährt. Sie trägt sich selbst und sie kann erlangt werden. Auch ermutigt sie ihn, als »sein demutsvolles Kind« sich ihm, »dem Geliebten«, voll anzuvertrauen.

Es ist sicher kein Zufall, daß dieses Motiv des Kindes und der Kindschaft, das bei Novalis eine so große Rolle spielt, sich von dem ersten der *Geistlichen Lieder* bis zu den Marienliedern hin erstreckt, wenn es dort heißt: »Mache mich zu deinem Kinde.« Eine solche an die »himmlische Mutter« gerichtete Bitte kann nur von dem ausgesprochen werden, der weiß, daß er unterwegs ist, daß er noch wachsen kann und soll. Damit stimmt das Dichterwort mit dem Apostelwort aus den Johannesbriefen zusammen: Es ist noch nicht erschienen, was wir sein werden...

Hier wie dort waltet eine Zukunftstendenz. Im übrigen weiß Novalis: »In jedem wohnt die himmlische Mutter, um jedes Kind ewig zu gebären.« Kein anderes als das »Geisteskind im Seelenschoß« (R. Steiner) harrt der Entbindung durch den Menschen, der in den Prozeß einer sprituellen Entwicklung eingetreten ist. Es ist gleichsam die Frucht dessen, das der »heilige Intuitionssinn« in der Berührung mit dem Gottesgeist empfangen hat. Der Blick richtet sich auf die »Frucht des Paradieses«. Mit dieser Metapher schließt das erste der Lieder.

Einen für das Verständnis der *Geistlichen Lieder* wichtigen Hinweis verdanken wir der Novalis-Monographie von Friedrich Hiebel, der darauf aufmerksam gemacht hat, wie die Lieder einem kirchenjahreszeitlichen Zyklus folgen. Es sind die Jahresfeste, die sich von Advent und vom Fest der Christuserscheinung (Epiphanias) im zwölften Lied bis zu dem Höhepunkt der Auferstehung hin ausdehen. Das trifft im besonderen für jene neun Gedichte zu, die schon von dieser inneren Kompositionsfigur her als eine Ganzheit anzusehen sind, und zwar unter Einbezug der *Hymne,* bei der das Abendmahlsgeschehen im Mittelpunkt steht. Und wieder ist das fernste Menschheitshorizonte aufschließende Ziel ins Auge gefaßt, wenn es von Christus heißt:

> Er lebt und wird nun bei uns sein,
> Wenn alles uns verläßt.
> Und so soll dieser Tag uns sein
> Ein *Weltverjüngungsfest*.

Vorankündigungen, die sich auf dieses endzeitliche Datum beziehen, gibt es bei Novalis in Fülle, denn:

> Fern im Osten wird es helle
> Graue Zeiten werden jung ...

Das Mysterium der Inkarnation des Menschensohnes ist historisches Ereignis geworden:

> Endlich kommt zur Erde nieder
> Aller Himmel selges Kind.

Sein schaffender Lebensodem durchwebt die ganze Natur. An den Menschen richtet sich der Appell zur inneren Vergegenwärtigung des Menschgeborenen:

Lasse seine milden Blicke
Tief in deine Seele gehn.

Novalis gibt sich selbst der meditativen Übung dieser Vergegenwärtigung hin. Jesu Erdenwandel, die Stationen seines Hingangs zum Kreuz und die seiner Auferstehung aus dem Grab werden als mystische Tatsache erlebt, wenn wir etwa im vierten Lied hören:

Ich *erfuhr* in meinem Herzen,
Wer für uns gestorben sei.

Was seine gestrengen Religionslehrer, voran der überaus ernste Vater, dem Knaben einst als ein abfragbares, benotbares Katechismuswissen mitgeteilt haben, das hat inzwischen einen erheblichen Gestaltwandel durchgemacht; es hat Erfahrungsqualität erlangt.

In diesen Versen ist aber auch das andere gesagt: Die Christuserfahrung ist zunächst individueller Natur: das Ich erfährt. Sogleich wird die soziale Dimension ins Bewußtsein gehoben, das »Für uns« des Leidens und Sterbens Jesu. Dieser Zug zur Gemeinschaft wiederholt sich viele Male. Gemeinschaft mit Christus begründet die Gemeinschaft der Christen, ja, die Gemeinschaft der Menschen schlechthin:

> Längst vermißte Brüder
> Find ich nun in seinen Jüngern wieder,

heißt es im fünften Lied.

Ehe der Auferstehungschoral intoniert werden darf, ist die Schwelle leidvoller Erfahrung zu überschreiten:

> Alles ist ein düstrer Traum.
> Ich bin auch mit ihm verschieden.
> Läg ich doch mit ihm in Frieden
> Schon im unterirdschen Raum!

Das mystische Mit-Christus-Sterben, an dem der Dichter teilnehmen läßt, an dem er selbst teilnimmt, beherrscht die Karfreitagsstimmung im siebten Lied.

Wie wir schon gesehen haben, ist es für die

Christusanschauung des Novalis charakteristisch, daß das gefühlsstarke religiöse Erleben den individuellen Horizont immer wieder durchbricht. Die *Erden*tatsache der Erscheinung Christi wird von ihm in aller Klarheit geschaut und dichterisch gestaltet, etwa im achten Lied:

> Wie er von Liebe nur beweget
> . . .
> Und in die Erde sich geleget
> Zum Grundstein einer Gottesstadt.

Hier spricht Novalis die Sprache des apokalyptischen Sehers Johannes. Doch ehe sich diese Menschheits- und Erdenzukunft erfüllen kann, gilt einstweilen ein kosmisch-»chymisches Ereignis«:

> In Luft und Öl, in Klang und Tau
> Durchdrang er unsrer Erde Bau.

Das kann doch nur heißen, daß Christus als der Geist der Erde den ganzen Erdorganismus ergriffen hat und seither die irdischen Substanzen und Kräfte impulsierend durchdringt. Der historischen und der mystischen Christustatsache ist damit die irdisch-chymische hinzugefügt. Es ist jener Aspekt, der in der christlichen Alchimie und im Rosenkreuzertum in besonderer Weise gewürdigt worden ist. An dieser Stelle muß auch jene Strophe angefügt werden, die – gemäß echt Böhmescher Inspiration – davon Zeugnis ablegt, wie der Christus in allen Erscheinungen der Schöpfung geschaut werden kann, gleichsam sinnlich-übersinnlich in einem, denn:

> Er ist der Stern, er ist die Sonn,
> Er ist des ewgen Lebens Bronn,
> Aus Kraut und Stein und Meer und Licht
> Schimmert sein kindlich Angesicht.

Das ist nicht romantische oder Herrnhutische Gefühlsreligiosität. Hier wird vielmehr Verantwortung für die Erde christologisch begründet. Nicht der Ungeist der Ausbeutung, der Verseuchung und Umweltverschmutzung eines Barbaren, sondern »sein kindlich Angesicht« blickt den Menschen an – mahnend, ermutigend.

Einen besonderen Klang verleiht der Protestant Friedrich von Hardenberg schließlich seinen Marienliedern, die den Zyklus der *Geistlichen Lieder* abrunden. Es ist oft gerätselt worden, ob sich hier und an anderer Stelle so etwas wie eine innere Konversion zum Katholizismus ankündige. Wenn überhaupt von Katholizität die Rede sein kann, dann im Sinn *der* überkonfessionellen Katholizität, die hier und auch in dem Aufsatz *Die Christenheit oder Europa* gemeint ist.

Sicher ist zunächst dies, daß der Dichter mit erstaunlicher Unbefangenheit vor Maria hintritt. Er tut es wie der Betrachter eines jener Madonnenbildnisse, die über eine konfessionell-dogmatische Ausdeutung weit hinwegweisen. Solche Darstellungen, nicht am wenigsten die Sixtinische Madonna, haben auf den sensiblen jungen Mann einen unauslöschlichen Eindruck gemacht. Doch auch hier bewährt sich sein seherisches Vermögen, nämlich die Fähigkeit, durch die »tausend Bilder« all der Darstellungen hindurchzuschauen, um des Archetypus des Ewig-Weiblichen gewahr zu werden, wie es als Seelenbild immer wieder aufleuchtet:

Ich sehe dich in tausend Bildern,
Maria, lieblich ausgedrückt,
Doch keins von allen kann dich schildern,
Wie meine Seele dich erblickt...

Die *Geistlichen Lieder* sind immer wieder gerühmt worden, trotz und gerade wegen ihrer Schlichtheit. Wilhelm Dilthey meint:

»Diese Lieder werden leben ewig wie das Christentum... Die geistlichen Gedichte von Novalis sind Lieder im wahren Sinne des Wortes: empfangen aus einer das Gemüt tief bewegenden individualisierten Stimmung. Ihr Inhalt ist eine ganz einfache, von der Phantasie in unbestimmter Weise getragene Anschauung, so verschwimmend, als ob diese Stimmung sie emporgetragen hätte und sie dann wieder mit ihr versinken und sich auflösen müßte, einer Vision zu vergleichen[17].«

»HYMNEN AN DIE NACHT«

Waren die *Geistlichen Lieder* trotz der Fülle der in ihnen enthaltenen esoterischen Momente geeignet, in zahlreichen evangelischen Gesangbüchern einen großen Menschenkreis anzusprechen, so haben erst die *Hymnen an die Nacht* den Ruhm des romantischen Dichters begründet. Diese Hymnen entstanden etwa zur gleichen Zeit, wenn auch in einem kürzeren Zeitraum, nämlich um die Jahreswende 1799/1800. Sie wurden noch zu Lebzeiten des Autors in der Romantiker-Zeitschrift *Athenäum* (August 1800) publiziert, und im Gegensatze zu den Fragment gebliebenen Werken des Novalis stellen die Hymnen eine Ganzheit dar. Als solche sind sie zu empfangen.

In biographischer Hinsicht ist es bemerkenswert, daß die Dichtung in einem Augenblick niedergeschrieben worden ist, in dem für Friedrich von Hardenberg der Entschluß feststeht, seine zweite Verlobte, Julie von Charpentier, zu heiraten. Die Erlebnisse der Begegnung mit Sophie und die Todeserfahrung sind jedoch nicht vergessen, sie werden auch nicht etwa überdeckt. Vielmehr enthüllen gerade diese Hymnen, welche Dimensionen der Wirklichkeit die zweieinhalb Jahre zurückliegenden Ereignisse ihm erschlossen haben. Insofern ist es gerechtfertigt, die dritte dieser Hymnen als die »Urhymne« anzusehen.

Ein Vergleich mit der oben zitierten Tagebucheintragung vom 13. Mai 1797 zeigt sogar textliche Übereinstimmungen und Anklänge. Das Erleben am Grabe der Geliebten wird von Novalis selbst als ein Initiationsgeschehen begriffen und als solches dieser Dichtung einverleibt:

»Einst, da ich bittere Tränen vergoß, da in Schmerz aufgelöst meine Hoffnung zerrann und ich einsam stand am dürren Hügel, der im engen, dunklen Raum die Gestalt meines Lebens barg – einsam, wie noch kein Einsamer war, von unsäglicher Angst getrieben – kraftlos, nur ein Gedanke des Elends noch. – Wie ich da nach Hilfe umherschaute, vorwärts nicht konnte und rückwärts nicht und am fliehenden, verlöschten Leben mit unendlicher Sehnsucht hing... und mit einem Male riß das Band der Geburt – des Lichtes Fessel ... Du Nachtbegeisterung, Schlummer des Himmels kamst über mich...«

Es ist die Fessel jenes Lichts, das der Tiefenschau gleichsam einen Riegel vorschiebt, indem es die wahre Erleuchtung ebenso zu verhindern vermag wie das wahre Leben. Dieses die irdische Vorläufigkeit transzendierende, überschreitende Leben ist seitdem des Dichters wesentliches Teil.

Novalis verliert sich nicht an einen düsteren Nachtbereich der Seele. Mit seiner »Nachtbegeisterung«, der Begeisterung für die Dimension der Tiefe, bleibt er, wie er eingangs hervorhebt, dennoch der »Lebendige, Sinnbegabte«. Er bleibt der, der »das allerfreuliche Licht mit seinen Farben, seinen Strahlen und Wogen« vor allen anderen Wundererscheinungen des Lebendigen liebt, wie nur ein Anschauender lieben kann. Wir wissen, welchen starken Aussagewert das Wort »Liebe« im Wortschatz Friedrich von

Hardenbergs hat. So beginnt die Dichtung mit einem Lob auf die offenbarende, verherrlichende Macht des Lichtes und seiner königlichen Erscheinung. Er liebt das Licht.

Und dennoch gilt auch das: »Abwärts wend' ich mich zu der heiligen, unaussprechlichen, geheimnisvollen Nacht.«

Eine andere Bewußtseinsart beginnt sich durchzusetzen. Aus der kosmischen Unendlichkeit blicken die Sterne als die Augen jener Nacht, die des Tageslichts nicht bedürfen. Ganz andere Qualitäten glänzen auf. Zugleich ist es diese Nacht, die als »hohe Verkünderin heiliger Welten« und als die »Pflegerin seliger Liebe« den Sänger erst »zum Menschen gemacht« hat. Sein bis zu jenem Augenblick gelebtes Leben entbehrte des wahren Lebens. Aus der neuen Perspektive betrachtet, dünkt ihm das Tageslicht »arm und kindisch«. Tageslicht ist ja noch nicht »das Licht«, etwa im johanneischen Sinne, das sich als Licht, Liebe, Leben als eine Wesensäußerung des Christus offenbart.

Warum des Tages Licht ihn »arm und kindisch« anmutet, erläutert die zweite der

Hymnen: »Unselige Geschäftigkeit verzehrt den himmlischen Anflug der Nacht.«

Novalis liegt daran zu zeigen, daß er als ein »der Nacht Geweihter« deutlich unterscheidet zwischen dem schattenhaften, in dumpfer Unbewußtheit hindämmernden Schlaf und dem »heiligen Schlaf«, in den die »goldene Flut der Trauben« sich ergießt, der in der Liebesbegegnung »zum Himmel den Schoß macht« und der als wissender Bote zu den »unendlichen Geheimnissen« der Überlieferung geleitet.

Die von Gewißheit gesättigte Erfahrung, »auf dem Grenzgebirge der Welt« gestanden zu sein und in »das neue Land« hinübergeblickt zu haben, hat den Seher nicht etwa seiner irdischen Aufgabe entfremdet, so verführerisch spirituelle Erfahrungen dieser Art auch sein mögen. Zwar ist in der vierten Hymne davon die Rede, daß er dazu neige, »Hütten« zu bauen, als gelte es eine Parallele zu dem Erlebnis der Jünger auf dem Berg der Verklärung zu ziehen. Bezeichnenderweise benützt ja Novalis die Metapher »Grenz*gebirge*«. Er rät jedoch nicht dazu, daß sich der Schauende »oben« ansiedle, um dort fortan weltabgeschieden zu verweilen. Er faßt vielmehr den Entschluß: »Gern will ich die fleißigen Hände rühren, überall umschaun, wo du mich brauchst...« Die Treue zur Nacht und die Geistesgegenwart, die Weltverantwortung dürfen darunter nicht leiden, so versichert er. Der Geheimnisgrund der Nacht ist jeweils auf den Tag bezogen. Die uralte Weisheit der Sammlung und der Sendung, die sich in der benediktinischen Mönchsregel des »Ora et Labora« (Bete und arbeite) niedergeschlagen hat, kommt hier zum Tragen.

»Über der Menschen weitverbreitete Stämme herrschte vor Zeiten ein eisernes Schicksal mit stummer Gewalt. Eine dunkle, schwere Binde lag um ihre bange Seele. Unendlich war die Erde – der Götter Aufenthalt, und ihre Heimat. Seit Ewigkeiten stand ihr geheimnisvoller Bau...« – Mit diesen Worten beginnt die fünfte Hymne. Sie ist ungleich länger. Novalis holt weit aus. Er beschwört ein Bild von der mythischen Vergangenheit, als der Mensch noch im Schoß der Götter ruhte – »im Arm der Götter wuchs ich groß«, heißt es einmal bei Hölderlin –, als »Flüsse, Bäume, Blumen und Tiere einen menschlichen Sinn hatten«, und als »die zarte, tausendfältige Flamme«, Signatur kosmisch-menschlicher Harmonie, leuchtete und wärmte. Aber der Tod betritt den Erdkreis, bald als eine harte, unabwendbare Schicksalstatsache, bald mit der Gebärde eines »sanften Jünglings«, der das Lebenslicht der Menschen auslöscht und sie heimruft: »Wo gehen wir denn hin? – Immer nach Hause«. –

»Zu Ende neigte die alte Welt sich...« Ein unkindliches, auf die harte Realität dieser Erde eingestelltes Geschlecht betritt den Plan. Die Götterdämmerung hebt an. Die Götter der Urzeit kehren in die Nacht zurück – um wiederzukehren. Unser Dichter enthüllt ein poetisches Bild von der Heraufkunft jenes königlichen Jungfrauensohnes, zu dessen Krippe die Weisen des Ostens, aber auch »ein Sänger, unter Hellas heiterm Himmel geboren«, nach Palästina pilgern. Das heißt doch, daß sich auch die westliche Menscheit aufmacht, um an dem zentralen Ereignis für Weltall, Erde und Mensch teilzunehmen. Gleichsam von innen her betrachtet Novalis das Ereignis der Erscheinung Christi als »der höhern Menschheit freudiges Beginnen«.

Hier wird ein Hinweis auf die besondere Mission und auf das Schicksal des griechischen Sängers gegeben. Von ihm heißt es in der fünften Hymne: Er »zog voll Freudigkeit nach Indostan«. Nehmen wir das Fragment *Aussöhnung der christlichen Religion mit der heidnischen...* in den Zusammenhang mit hinein, dann bekommen wir dadurch einen Wink, was diese Hinwendung nach dem Osten letztlich zu bedeuten habe: Hier kündigt sich die Hoffnung auf eine Weltmission an, die diese Bezeichnung verdient. Denn nicht darum kann es gehen, daß eine kirchliche Konfession nach der anderen »missioniert«, indem sie ihre eigenen Mitgliederzahlen vermehrt, gleichzeitig aber die inner- und interkonfessionelle Problematik des Westens auf das sogenannte Missionsfeld überträgt. Die unrühmlichen Folgen kennen wir!

Novalis denkt eher an eine Weltmission neuer Ordnung, die freilich noch ein Traum ist, sie liegt jenseits der bisher gescheiterten

Versuche zur Herstellung einer Welteinheitsreligion. Novalis denkt und schaut eschatologisch. Er meint die Einschmelzung aller Religionen im Lichte der Auferstehung Christi und vor dem Horizont des »letzten Abendmahles..., wenn Erd und Leben weicht«. Die vorletzte Strophe der fünften Hymne drückt dieses neue Sein so aus:

> Getrost das Leben schreitet
> Zum ewgen Leben hin;
> Von innrer Glut geweitet
> Verklärt sich unser Sinn.
> Die Sternwelt wird zerfließen
> Zum goldnen Lebenswein,
> Wir werden sie genießen
> Und lichte Sterne sein.

Diese apokalyptische Schau ist in der abschließenden sechsten Hymne durchgehalten. Der Dichter lebt und gestaltet aus dem Bewußtsein heraus, daß Endzeit und »Vorzeit« ihre Tore öffnen und der Zugang »zu der süßen Braut, zu Jesus, dem Geliebten«, und damit auch die Heimkehr »in des Vaters Schoß« offensteht.

Schon in der fünften Hymne heißt es abschließend:

> Die Lieb ist frei gegeben,
> Und keine Trennung mehr.
> Es wogt das volle Leben
> Wie ein unendlich Meer.
> Nur eine Nacht der Wonne –
> Ein ewiges Gedicht –
> Und unser aller Sonne
> Ist Gottes Angesicht.

DER DENKER ALS CHRISTUSZEUGE

Werfen wir noch einen Blick auf das Fragmentenwerk Friedrich von Hardenbergs. Es ist, abgesehen von zwei kleineren Editionen seines Verfassers, den Zeitgenossen nicht zu Gesicht gekommen. Erst die verdienstvolle historisch-kritische Gesamtausgabe seiner Werke gestattet uns heute, eine Vorstellung von der Vielschichtigkeit und von dem gedanklichen Reichtum des jugendlichen Philosophen zu bilden.

Wir erhalten Einblicke in die Lesestoffe, in die Gedankengänge, Pläne, ersten Rohentwürfe des Dichters und Denkers. Die religiöse Thematik spielt dabei eine zentrale Rolle. Sie läßt sich nicht beliebig von anderen Gedankengängen absondern; denn »unsere innere Welt muß der äußeren durchaus bis in die kleinsten Teile korrespondieren« (II, 653). Das heißt praktisch, daß Christusglaube und Christuserkenntnis nicht neben der Existenz gepflegt werden können. Sie ist es – ohne des Novalis universelle, den ganzen Wirklichkeitskosmos umspannende Christusanschauung zu reduzieren – gar nicht statthaft, lediglich jene seiner Fragmente zusammenzustellen, die sich mit religiösen Themen beschäftigen, will man den Denker als Christuszeugen kennenlernen. Religion und das Menschliche, Kunst und Natur, Philosophie und Naturwissenschaft gehen bei ihm zusammen. Erst in der Zusammenschau wird Ganzheit sichtbar. So heißt es einmal in seinen Fichte-Studien:

»Materie und Geist korrespondieren aufs genaueste. Eins ist wie das andere. Beide haben reine Kausalität nur im andern.«

»Wissenschaft ist nur eine Hälfte; Glauben ist die andere.«

Wie versteht Novalis seine Aufzeichnungen, die nur teilweise von ihm überarbeitet oder als behauene Bausteine dem Gesamtwerk einverleibt werden konnten? – Seine Antwort lautet: »Fragmente dieser Art sind literarische Sämereien. Es mag freilich manches taube Körnchen darunter sein; indes, wenn nur einiges aufgeht.«

Wer solcher Selbstkritik fähig ist, der kann nicht vom Leser absehen, den er ja »auf den rechten Weg« und damit auf die Bahn einer individuellen Entwicklung bringen will. So kann es nicht verwundern, wenn Novalis dem Leser eine geradezu kongeniale Aufgabe überantwortet und zutraut:

»Der wahre Leser muß der erweiterte Autor sein ... die höhere Instanz, die die Sache von der niederen ... vorgearbeitet erhält.«

Auf das Christentum und auf die Evangelien bezogen, gilt dieser Grundsatz nicht minder. Da kann sich niemand auf einen ein für allemal fixierten Kanon berufen, wenn immer er der Gegenwart des inspirierenden, zur Wahrheit führenden Geistes gewärtig ist. So gesehen liegen in den Evangelien »die Grundzüge künftiger und höherer Evangelien« verborgen. Novalis ist sich bewußt, daß die göttliche Offenbarung durch die Bibel keinesfalls abgeschlossen ist. Dafür hat er selbst zuviel und zu intensiv erfahren. Christliche Offenbarung dauert fort, denn:

»Am Christentum hat man Ewigkeiten zu studieren. Es wird einem immer höher und mannigfacher und herrlicher.«

Dem wäre nachzudenken! Man muß sich nur vor dem Mißverständnis hüten, eine bestimmte historische Ausprägung des Christlichen, sei es eine kirchliche Konfession oder eine christlich fingierte Weltanschauung mit dem Christentum selbst gleichzusetzen.

Aber auch nicht darum kann es gehen, daß man heute lediglich zu den Texten, Denkmustern und dichterischen Bildgestaltungen eines Friedrich von Hardenberg zurückkehrt. Das hieße, abermals den Buchstaben höher halten als den Geist, aus dem heraus der Denker sann, aus dem heraus der Dichter schuf und auf den der Seher mit der Eindringlichkeit eines Geisteslehrers hinwies. Novalis – von Rudolf Steiner als der »Vorherverkünder« des Christusimpulses ausgerufen – war ein Mann des Wegs und der Wegweisung. Er wollte, wie wiederholt gesagt, Menschen auf die Spur setzen und ihnen die Richtung zeigen, die er selbst in konsequenter Weise eingeschlagen hat.

Der Hinweis ist gegeben. Das Werk des Novalis birgt eine Fülle von geistigen Keimen, die als »Fermenta cognitionis« ihre spirituelle Wirkkraft noch nicht eingebüßt haben. Derartige Keime und Wirkkräfte wollen meditativ aufgenommen werden. Und derselbe Novalis, der den Weg nach innen angetreten hat, meint nicht selbstgenügsame Innerlichkeit, im Gegenteil:

»Wir sind auf einer großen Mission – zur Bildung der Erde sind wir berufen.«

ANMERKUNGEN

[1] Heinz Ritter im Nachwort zu *Novalis in Zeugnissen seiner Zeitgenossen.* Stuttgart 1973, Seite 61.
[2] Ludwig Tieck, zit. bei Henri Birven: *Novalis.* Büdingen-Gettenbach 1959, Seite 52 f.
[3] Friedrich Hiebel: *Novalis.* 2. überarbeitete Auflage Bern-München 1972, Seite 7.
[4] Gerhard Wehr: *Esoterisches Christentum.* Ernst Klett Verlag, Stuttgart 1975.
[5] Gerhard Wehr: *Der Chassidismus. Mysterium und spirituelle Lebenspraxis.* Aurum Verlag, Freiburg 1978.
[6] Karlfried Graf Dürckheim: *Der Ruf nach dem Meister.* Weilheim 1972. Ders.: Überweltliches Leben in der Welt. Der Sinn der Mündigkeit. Weilheim 1968.
[7] Die Zitate erfolgen nach: *Novalis in Zeugnissen seiner Zeitgenossen* (F. Schlegel, K. von Hardenberg, L. Tieck, A. C. Just). Stuttgart 1973.
[8] Rudolf Steiner: *Das Christentum als mystische Tatsache und die Mysterien des Altertums* (1902). Dornach 1959, Seite 16 f. Einleitende Gesichtspunkte hierzu u.a. bei Gerhard Wehr: Rudolf Steiner als christlicher Esoteriker. Aurum Verlag Freiburg 1978 (Fermenta cognitionis Band 2).
[9] Rudolf Steiner: *Das Weihnachtsmysterium – Novalis, der Seher und Christuskünder.* Drei Vorträge (1908, 1909, 1912). Dornach 1954.

[10] Ernst Benz: *Sophia − Visionen des Westens*, in: *The oecumenical world of orthodox civilisation*, ed. Thomas E. Bird. Mouton 1973, Seite 121-138.
[11] Martin Beheim-Schwarzbach: *Novalis − Friedrich von Hardenberg*. Hamburg 1948, Seite 65.
[12] Friedrich Hiebel: *Novalis*, op. cit., Seite 360.
[13] Als Seelenführer, der Geistessucher den Weg in die Christosophie zeigt, begegnet uns Jakob Böhme besonders in seinen Schriften, die unter dem Titel *Christosophia − ein christlicher Einweihungsweg* zusammengefaßt sind. Einblicke gewähren ferner Böhmes *Theosophische Sendbriefe*. Beide Publikationen liegen in kommentierter Form in der Böhme-Studienausgabe des Aurum Verlags, Freiburg, vor.
[14] Jakob Böhme: *Aurora oder Morgenröte im Aufgang* (1612). Die Böhme-Zitate erfolgen nach der erwähnten Böhme-Ausgabe des Aurum Verlags, Freiburg.
[15] Gerhard Wehr: *Der Urmensch und der Mensch der Zukunft. Das Mysterium männlich-weiblicher Ganzheit im Licht der Anthroposophie Rudolf Steiners*. (Manuskriptdruck) Verlag Die Kommenden, Freiburg, 2. Auflage 1979. − Belege zu diesem Thema aus dem Werk Jakob Böhmes sind u.a. zusammengetragen in Gerhard Wehr (Hrg.): *Jakob Böhme − Geistige Schau und Christuserkenntnis*. Novalis Verlag, Schaffhausen 1976 (Zeugnisse christlicher Esoterik, Band 2).
Weitere Belege bei Ernst Benz: *Adam, der Mythus des Urmenschen*. München-Planegg 1955.
[16] Der volle Wortlaut der *Geistlichen Lieder*, der *Hymne*, der *Hymnen an die Nacht*, u.a. in: *Novalis − Der Dichter und Denker als Christuszeuge*, hrg. von Gerhard Wehr. Novalis Verlag, Schaffhausen 1976 (Zeugnisse christlicher Esoterik, Band 1).

[17] Wilhelm Dilthey: *Das Erlebnis und die Dichtung. Lessing, Goethe, Novalis, Hölderlin* (1905), 14. Aufl., Göttingen 1965, Seite 221.

LITERATURHINWEISE

Eine ausführliche bibliographische Übersicht über Textausgaben, Gesamtdarstellungen und Einzelstudien ist enthalten in: Gerhard Schulz: *Novalis in Selbstzeugnissen und Bilddokumenten* (Rowohlt Monographie 154). Reinbek 1969, Seite 177-186.

Gesamtausgabe

Novalis. Schriften. Die Werke Friedrich von Hardenbergs. Herausgegeben von Paul Kluckhohn und Richard Samuel. Zweite, nach den Handschriften ergänzte, erweiterte und verbesserte Auflage in vier Bänden und einem Begleitband.
Band 1: Das dichterische Werk. Stuttgart 1960.
Band 2: Das philosophische Werk I. Stuttgart 1965.
Band 3: Das philosophische Werk II. Stuttgart 1968.
Band 4: Tagebücher, Briefe und Lebenszeugnisse. Stuttgart 1975.

Kommentierte Ausgabe

Novalis. Werke. Herausgegeben und kommentiert von Gerhard Schulz. München 1969.

Auswahl
(unter dem Gesichtspunkt christlicher Esoterik)

Novalis. Der Dichter und Denker als Christuszeuge. Herausgegeben und erläutert von Gerhard Wehr. Novalis Verlag, Schaffhausen 1976.

Zur Biographie

Friedrich Schlegel und Novalis. Biographie einer Romantikerfreundschaft in ihren Briefen. Herausgegeben von Max Preitz. Darmstadt 1957.
Novalis in Zeugnissen seiner Zeitgenossen. Herausgegeben von Heinz Ritter. Stuttgart 1973 (Denken, Schauen, Sinnen 43/44).

Gesamtdarstellungen und Einzelstudien

Karl Barth: *Novalis,* in: Barth: *Die protestantische Theologie im 19. Jahrhundert.* Zürich 1947; 3. Auflage 1960, Seite 303-342.
Martin Beheim-Schwarzbach: *Novalis – Friedrich von Hardenberg.* Hamburg 1948.
Henri Birven: *Novalis, Magus der Romantik.* Büdingen-Gettenbach 1959.
Wilhelm Dilthey: *Das Erlebnis der Dichtung. Lessing, Goethe, Novalis, Hölderlin* (1905). 14. Aufl., Göttingen 1965.
Friedrich Hiebel: *Novalis. Der Dichter der Blauen Blume.* München 1951; 2. überarbeitete und erweiterte Auflage, Bern-München 1972.
Hans Wolfgang Kuhn: *Der Apokalyptiker und die Poli-*

tik. Studien zur Staatsphilosophie des Novalis. Freiburg 1961.

Hans Joachim Mähl: *Die Idee des goldenen Zeitalters im Werk des Novalis. Studien zur Wesensbestimmung der frühromantischen Utopie und zu ihren ideengeschichtlichen Voraussetzungen.* Heidelberg 1965.

Ursula von Mangoldt: *Utopie oder Wirklichkeit. Versuch einer Antwort,* in Novalis – Europa oder die Christenheit. Weilheim 1964.

Rudolf Meyer: *Novalis. Das Christus-Erlebnis und die neue Geistesoffenbarung* (1938). Stuttgart 1954; 1972.

Monica von Miltitz: *Novalis. Romantisches Denken in unserer Zeit.* Stuttgart 1973.

Walter Nigg: *Novalis,* in Nigg: *Heimliche Weisheit. Mystisches Leben in der evangelischen Christenheit.* Zürich-Stuttgart 1959; Olten-Freiburg 1975.

Heinz Ritter: *Der unbekannte Novalis. Friedrich von Hardenberg im Spiegel seiner Dichtungen.* Göttingen 1967.

Gerhard Schulz: *Novalis in Selbstzeugnissen und Bilddokumenten.* Reinbek 1969 (Rowohlt Monographie 154).

Rudolf Steiner: *Das Weihnachtsmysterium. Novalis, der Seher und Christuskünder* (3 Vorträge 1908, 1909, 1912). Dornach 1954.

Zur christlichen Esoterik

Jakob Böhme: *Christosophia. Ein christlicher Einweihungsweg.* Aurum Verlag, Freiburg 1975; 3. Aufl. 1979.

Ders.: *Aurora oder Morgenröte im Aufgang.* Aurum Verlag, Freiburg 1977.

Ders.: *Theosophische Sendbriefe I/II.* Aurum Verlag, Freiburg 1979.

Gerhard Wehr: *Esoterisches Christentum. Aspekte, Impulse, Konsequenzen.* Klett Verlag, Stuttgart 1975.

Ders.: *Veränderung beginnt innen. Gestalten und Dimensionen christlicher Spiritualität.* Steinkopf Verlag, Stuttgart 1977.

Ders.: *Jakob Böhme – Der Geisteslehrer und Seelenführer.* Aurum Verlag, Freiburg 1979 (Fermenta cognitionis, Band 4).

Ders.: *Der Urmensch und der Mensch der Zukunft – Das Mysterium männlich-weiblicher Ganzheit.* Verlag die kommenden, Freiburg 1979.

Rosenkreuzerische Manifeste – Die Grundschriften der Rosenkreuzer. Hrg. und eingeleitet von Gerhard Wehr. Novalis Verlag, Schaffhausen 1980.

INHALT

Unterwegs nach innen	5
Biographische Orientierung	17
Der Doppelaspekt des Esoterischen	35
»Der Heilige Geist ist mehr als die Bibel«	45
Sophie	53
Jakob Böhme als »Verkündiger der Morgenröte«	64
»Astralis« – Mysterium männlich-weiblicher Ganzheit	74
»Geistliche Lieder«	81
»Hymnen an die Nacht«	93
Der Denker als Christuszeuge	103
Anmerkungen	109
Literaturhinweise	113

FERMENTA COGNITIONIS

Nichts weniger als »fermenta cognitionis« – Antriebskräfte für den individuellen Erkenntnisprozeß – möchte diese neue Kleinbuchreihe vermitteln, die Gerhard Wehr betreut. Es ist eine anregende, das eigene Denken und spirituelle Forschen inspirierende und voranbringende Fermentwirkung beabsichtigt. Deshalb stehen Gestalten und Strömungen des geistigen Lebens in Geschichte und Gegenwart jeweils im Mittelpunkt. Die in zwangloser Folge erscheinenden Bände wollen wesentliche Elemente christlicher Spiritualität vermitteln.

Prof. Dr. theol. Ulrich Mann über den Verfasser: »Gerhard Wehr ist ein Phänomen: Mit umfassender Gestaltungskraft bewältigt er Stoffmassen, vor denen mancher Zünftige zurückscheut. Mit bewundernswertem Urteil vermag er den religiösen, insbesondere christlichen Stoff zu durchschauen, zu sichten, zu klären und zu werten und nicht zuletzt ihn auszumünzen für unsere Zeit. Er hat das esoterische Christentum in hervorragender Weise gewürdigt.

AURUM VERLAG · FREIBURG IM BREISGAU

FERMENTA COGNITIONIS
herausgegeben von *Gerhard Wehr*

DER ANTROPOSOPHISCHE ERKENNTNISWEG
120 S., kart. cell.

Gerhard Wehr, Autor zahlreicher Werke zur Geistesgeschichte und Esoterik, schildert in diesem Buch die Besonderheit des anthroposophischen Erkenntnisweges. Auf der Basis der Menschenkunde Rudolf Steiners beschreibt er die Stufen für eine spirituelle Erweiterung des Bewußtseins.

RUDOLF STEINER ALS CHRISTLICHER ESOTERIKER
112 S., kart. cell.

»Der Christus wird noch in vielen Formen an die Menschheit herantreten . . . Das Christentum steht nicht am Ende, sondern am Anfang seiner Wirksamkeit.« (Rudolf Steiner)

Unbeeinflußt von allen Kontroversen der Gegner und Anhänger der Anthroposophie, zeichnet Gerhard Wehr ein überraschendes Bild ihres Gründers.

FRIEDRICH CHRISTOPH OETINGER
Theosoph – Alchymist – Kabbalist

96 S., kart. cell.

Die Wiederentdeckung eines Mannes, der im Zeichen einer am Materialismus erkrankten Welt überraschend aktuell ist. Die faszinierende Einführung in Leben und Werk des »Magus des Südens«: Theosoph, Alchymist, Kabbalist – Friedrich Christoph Oetinger.

AURUM VERLAG · FREIBURG IM BREISGAU

FERMENTA COGNITIONIS
herausgegeben von *Gerhard Wehr*

JAKOB BÖHME – DER GEISTESLEHRER
UND SEELENFÜHRER
116 S., kart. cell.

»Man kann nicht umhin, von Jakob Böhme zu sagen, er sei eine Wundererscheinung in der Geschichte des deutschen Geistes. Könnte man je vergessen, welcher Schatz von natürlicher Geistes- und Herzenstiefe in der deutschen Nation liegt, so dürfte man sich nur an ihn erinnern . . .« (Schelling)

MEISTER ECKHART
104 S., kart. cell.

Meister Eckhart schöpfte seinen Glauben und sein Wissen aus den Tiefen einer vom Geistfeuer Gottes durchglühten Erfahrung; auf der anderen Seite richtet sich sein Streben auf die Verwirklichung des spirituell Errungenen in der Welt. Das Zentrum seines Geheimnisses und seiner Lehrmitteilung bildet die Vorstellung von der Gottgeburt in der menschlichen Seele.

PARACELSUS
120 S., kart. cell.

Mit dem Bedürfnis nach einem menschenwürdigen Leben wächst auch das Interesse an den geistigen Gründergestalten eines spirituellen Natur- und Menschenbildes. »Der den Kranken treu und fromm ist, der der Natur in ihrer Kunst nachfolgen will, der wird mich nicht fliehen.« (Paracelsus)

AURUM VERLAG · FREIBURG IM BREISGAU

FERMENTA COGNITIONIS
herausgegeben von *Gerhard Wehr*

VALENTIN WEIGEL
Der Pansoph und esoterische Christ

112 S., kart. cell.

Ein zu Unrecht Verketzerter erhebt seine Stimme in der Gewißheit, daß Natur- und Gotteserkenntnis eins sind. Valentin Weigel ist vom Geist der mittelalterlichen Mystik Meister Eckharts und Johannes Taulers entflammt und selbst der Inspirator Jakob Böhmes und der christlichen Theosophie späterer Generationen.

ST. MARTIN
Das Abenteuer des »unbekannten Philosophen« auf der Suche nach dem Geist

120 S., kart. cell.

Matthias Claudius übersetzte den »unbekannten Philosophen« und durch Saint Martin wurde Jakob Böhme wiederentdeckt. So ist er »im eigentlichen Sinn Mittler Böhmes an die Philosophie der deutschen Romantik und der deutschen idealistischen Philosophie geworden« (Ernst Benz).

CHRISTIAN ROSENKREUZ
Inspirator neuzeitlicher Esoterik

120 S., kart. cell.

Über die geheimnisvolle Bruderschaft der Rosenkreuzer und ihre Einweihungspraxis gibt diese Schrift Aufschluß. Christian Rosenkreuz repräsentiert wie kaum ein anderer die abendländische Esoterik seit dem Anbruch der Neuzeit.

AURUM VERLAG · FREIBURG IM BREISGAU

FREIBURGER STUDIENAUSGABE
JAKOB BÖHME
herausgegeben und erläutert von *Gerhard Wehr*

Böhme ist einer der großen Erleuchteten. Seine Schriften sind der Spiegel einer tiefen Schau in den Geheimniszusammenhang von Gott, Welt und Menschheit.

»Eine Wundererscheinung in der Geschichte der Menschheit« – urteilte schon F. W. v. Schelling über Jakob Böhme.

Ungekürzt legt der Aurum Verlag mit dieser Reihe die Texte des einflußreichsten Mystikers der Nachreformation vor.

Gerhard Wehr, bekannt als Autor zahlreicher Werke zur Geistesgeschichte und Esoterik, ist Herausgeber der neuen *Freiburger Studienausgabe*.

»Auf der Suche nach der Religion der Religionen« (Prof. Dr. H. J. Baden in DIE WELT) folgen die Kommentare Wehrs der Spur Böhmes, »dem Menschen unserer Zeit den Zugang zu oft verkannten und verschlossenen, doch lebenswichtigen Quellen« eröffnend. Er verbindet »den seltenen Blick ins Wesen der Dinge mit einem ungewöhnlich profunden Wissen« (Ernst Benz).

AURUM VERLAG · FREIBURG IM BREISGAU

FREIBURGER STUDIENAUSGABE
JAKOB BÖHME
herausgegeben von *Gerhard Wehr*

CHRISTOSOPHIA
– Ein christlicher Einweihungsweg –
3. Auflage, 210 S., Bibl., kart. cell.

AURORA ODER MORGENRÖTE IM AUFGANG
412 S., Bibl., kart. cell.

VON DER GNADENWAHL oder
VON DEM WILLEN GOTTES ÜBER DIE MENSCHEN
224 S., Bibl., kart. cell.

VON DER MENSCHWERDUNG JESU CHRISTI
248 S., Bibl., kart. cell.

THEOSOPHISCHE SENDBRIEFE I
208 S., Bibl., kart. cell.

THEOSOPHISCHE SENDBRIEFE II
240 S., Bibl., kart. cell.

MYSTERIUM PANSOPHICUM
136 S., Bibl., kart. cell.

AURUM VERLAG · FREIBURG IM BREISGAU